图解乒乓球训练

技战术与体能训练200项

（视频学习版）

人邮体育 主编

陈洋 侯英超 编

人民邮电出版社

北 京

图书在版编目（CIP）数据

图解乒乓球训练：技战术与体能训练200项：视频学习版 / 人邮体育主编；陈洋，侯英超编. -- 北京：人民邮电出版社，2023.5（2024.7重印）
ISBN 978-7-115-60532-0

Ⅰ. ①图… Ⅱ. ①人… ②陈… ③侯… Ⅲ. ①乒乓球运动－运动训练－图解 Ⅳ. ①G846.2-64

中国版本图书馆CIP数据核字(2022)第229746号

免责声明

作者和出版商都已尽可能确保本书技术上的准确性以及合理性，并特别声明，不会承担由于使用本出版物中的材料而遭受的任何损伤所直接或间接产生的与个人或团体相关的一切责任、损失或风险。

内 容 提 要

本书由全国锦标赛男单冠军与国家队体能教练联合编写，精选了200项乒乓球技战术及体能训练方法，旨在为乒乓球爱好者、乒乓球运动员及教练等提供丰富的学习和教学参考。本书从乒乓球的基本姿势、步法、球性练习等讲起；然后重点讲解了多变的发球技术以及可应对多种赛场局势的击球技术，涉及长球、拨球、攻球、搓球、拉上旋球、拉下旋球等；之后详细介绍了单打与双打的常用战术和策略，以及综合提升球员运动能力的体能训练方法，可为练习者精进乒乓球水平提供帮助。

◆ 主　　编　人邮体育
　　编　　　陈　洋　侯英超
　　责任编辑　林振英
　　责任印制　马振武
◆ 人民邮电出版社出版发行　　北京市丰台区成寿寺路 11 号
　　邮编　100164　电子邮件　315@ptpress.com.cn
　　网址　https://www.ptpress.com.cn
　　北京九州迅驰传媒文化有限公司印刷
◆ 开本：700×1000　1/16
　　印张：13.75　　　　　　　　　　　2023 年 5 月第 1 版
　　字数：297 千字　　　　　　　　　2024 年 7 月北京第 4 次印刷

定价：79.80 元
读者服务热线：(010)81055296　印装质量热线：(010)81055316
反盗版热线：(010)81055315
广告经营许可证：京东市监广登字 20170147 号

在线视频观看说明

　　本书提供部分技术的动作展示视频，您可通过微信"扫一扫"，扫描书中的二维码进行观看。

　　步骤1　打开微信"扫一扫"（图1）。

　　步骤2　扫描技术动作讲解页面上的二维码。

　　步骤3　进入动作视频观看页面（图2）。

图1

图2

扫描右方二维码添加企业微信。

1. 首次添加企业微信，即刻领取免费电子资源。

2. 加入体育爱好者交流群。

3. 不定期获取更多图书、课程、讲座等知识服务产品信息，以及参与直播互动、在线答疑和与专业导师直接对话的机会。

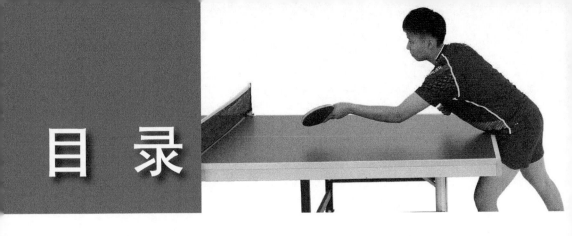

目 录

第 4 章　击球技术与练习

横拍技术

乒乓球基础

第①章

本章主要介绍了不同的握拍方法和较常用的身体准备姿势、基本站位等，此外也介绍了影响击球质量的击球路线、时间、部位等基础知识，可以帮助我们更加深刻地理解并掌握各项技术。

技巧
001

▶直拍握法

等级 ★☆☆☆☆ ⏱时间 适度

正面状态

两指之间要留有一指宽的距离

实施方法

直拍拍柄较短，球拍不易固定，切换为反手时需要充分扭转手腕。在使用直拍握法时，拇指、食指在球拍正面环形扣住拍柄，使拍柄反面靠在虎口处，其余3根手指并拢并自然弯曲，轻托在球拍反面。注意，因为直拍握法具有护台面积有限的局限性，所以其对步法的要求更高，以及时移动到适合的位置击球。

侧面状态

反面状态

🏓错误动作

三指分开距离过大且过于伸直，会让击球动作变得僵硬。

拇指与食指距离过大，容易让球拍不稳。

拇指与食指距离过小，会阻碍手指发力。

第1章 握拍与姿势

技巧 002

▶横拍握法

等级 ★☆☆☆☆　⏱时间 适度

正面状态

实施方法

横拍拍柄略长，握法简单，是现在更为流行的握法。其动作和握手相近，比较容易固定拍形，并可以更加迅速、灵活地完成正反手的切换。在使用横拍握法时，惯用手的中指、无名指与小指握住拍柄；拇指斜按在球拍正面边缘，并靠近中指；食指自然伸直斜放于球拍反面靠近边缘的位置；且用虎口卡住球拍的侧面。

侧面状态

反面状态

 错误动作

虎口卡拍的位置过于靠下，不方便之后的发力。

食指位置过高，会影响手腕的灵活性。

拇指位置过低，容易造成球拍不稳，降低发球质量。

技巧 003

▶准备姿势

等级 ★☆☆☆☆　⏱时间 适度

45度状态

正面状态

重心置于双脚之间

侧面状态

身体略微前倾

实施方法

集中注意力，下颌略内收，双眼注视来球方向。双脚打开，略比肩宽，脚跟可略抬起，主要依靠前脚掌撑地；双腿膝盖微屈，时刻准备移动；同时核心收紧，身体略微前倾并适当含胸。如果运动员的惯用手是右手，则右臂自然弯曲，置于身体右侧，手腕自然放松，右手以正确的方法持拍，使球拍位于腹部的右上方，并使拍头指向斜前方。

握 拍 与 姿 势

技巧 **004**

▶ # 基本站位

等级 ★☆☆☆☆ 🕐时间 适度

俯视状态

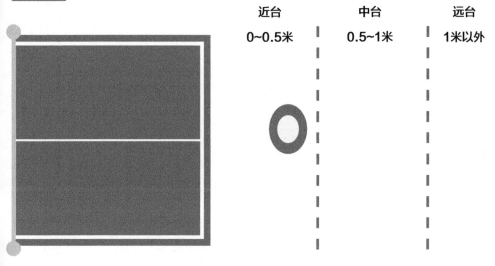

近台　　　　中台　　　　远台

0~0.5米　　0.5~1米　　1米以外

侧面状态

运动员站立的位置与
球台底线之间的距离

▶ 击球路线

等级 ★☆☆☆☆ ⏱时间 适度

击球路线是球的飞行弧线在水平的球台面上的投影线，它的起点是球员的击球点，终点是球在对手台上的落点。比赛中，球员经常通过改变击球路线来实行不同战术，为自己创造机会，其中熟练、准确地控制回球落点是灵活运用击球路线的基础。

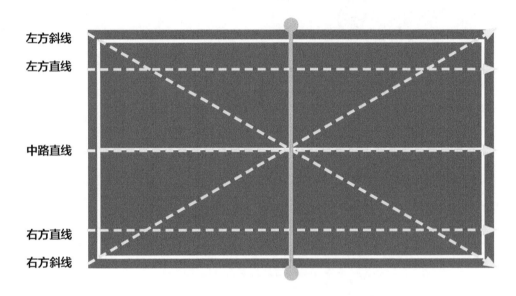

左方斜线
左方直线

中路直线

右方直线
右方斜线

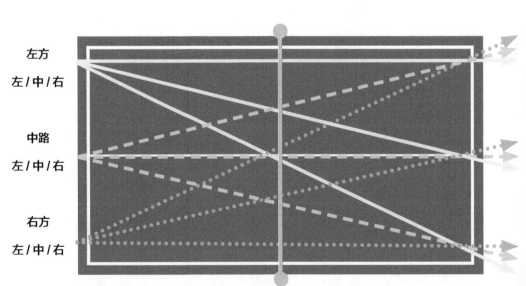

左方
左/中/右

中路
左/中/右

右方
左/中/右

击球要点

技巧 **006**

▶击球时间

等级 ★★★★★ ⏱时间 适度

比赛中，球员需要在乒乓球从本方台面弹起后将其击回。一般，将乒乓球弹起后的运行轨迹分为五个阶段，每个阶段对应一个击球时间。在实际操作中，球员必须在正确的时机击球才能确保技术的正确性，减小失误的概率，提高回球的质量。

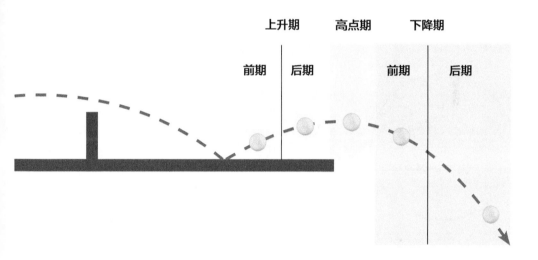

（1）上升期：乒乓球从台面弹起后，逐渐接近最高点的上升时期，可以再细分成上升前期和上升后期两个阶段。快带、摆短、平挡等技术适用于上升期。

（2）高点期：顾名思义，是乒乓球在第二弧线中接近弧高的那段时期，即乒乓球从台面弹起后在最高点附近的时期。攻球、快搓等技术适用于高点期。

（3）下降期：是指乒乓球达到最高点后，开始下落至接近地面的时期，可以再细分成下降前期和下降后期两个阶段。部分拉弧圈球、拉下旋球等技术适用于下降期。

技巧
007

▶ **击球部位**

等级 ★☆☆☆☆　⊕时间　适度

在击球时，球接触球拍的位置即为击球部位，球拍需要转换成相应的角度才能接触球的正确部位。旋转在乒乓球技术中尤为重要，不同技术的击球部位各不相同。如果想要回球拥有旋转性质，除了要让球拍向正确的方向摩擦乒乓球，还要保证击球部位的正确性，这样才能充分摩擦乒乓球，提高旋转的质量和强度。

迎球面

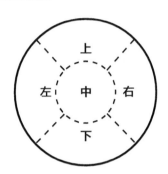

迎球侧面

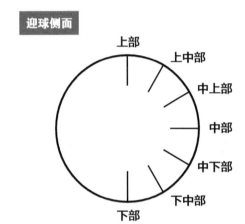

拍面角度

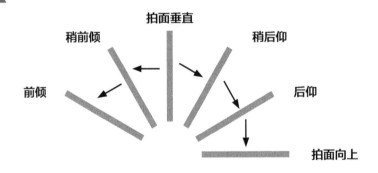

拍面与水平面接近垂直时为拍面垂直；球拍正面水平朝上时为拍面向上；球拍从垂直状态向后倾斜，使球拍正面逐渐朝上，是拍面后仰的过程；球拍从垂直状态向前倾斜，使球拍反面逐渐朝上，是拍面前倾的过程。击球时，如果想要击球的上部，则拍面前倾；击球的中部时，需拍面垂直；击球的下部时，则拍面后仰。

第1章 技巧 **008**

击球要点

▶ # 旋转与轨迹

等级 ★★★☆☆ ⏱时间 适度

前进方向 ➡

下旋球

上旋球

飞行弧线

上旋球　不转球　下旋球

对于乒乓球来说，横轴是通过球心且与乒乓球的前进方向相垂直的轴，其与球台的底线相平行。绕横轴逆时针旋转为下旋球；绕横轴顺时针旋转为上旋球；而不转球并非完全不旋转，其只是无明显的旋转方向，旋转速度较小，近似不旋转。在同等条件下，上旋球的飞行弧线会比不转球的短、低；而下旋球的飞行弧线会比不转球的长、高。

反弹情况

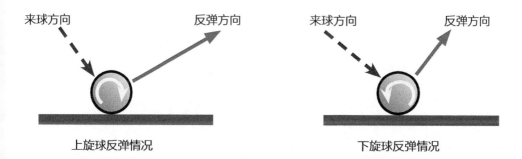

来球方向　反弹方向

上旋球反弹情况

来球方向　反弹方向

下旋球反弹情况

上旋球的球速普遍快于下旋球。上旋球落台时，球台给球的反作用力是向前上方的，因此反弹后会有一定的前冲力，反弹弧线会相对平缓。而下旋球落台时，其前冲力较弱，故反弹弧线会较高，如果下旋很强，还有可能出现回跳的现象。

步法

第②章

不管是使用直拍还是横拍，步法都是乒乓球运动员要掌握的技术。乒乓球球速较快，给运动员的反应时间较短，因此熟练、灵活地运用不同步法是顺利回球的基础。

第2章 基础步法

技巧 009

▶ 单步

等级 ★★☆☆☆ ⏰时间 适度

扫一扫，看视频

以准备站姿站好，观察来球。

离球较远的那条腿为支撑腿，前脚掌蹬地；另一只脚向来球方向迈步，重心随之移动至该脚，同时转腰转髋，朝向来球。

 小提示 单步移动具有移动范围小、重心转换平稳的特点，其适用于来球距离身体较近（最好在一步之内），且所需转体的幅度不大的情况，比如上步接近网球、撤步接近身球等情况。

技巧
010

▶ **并步**

等级 ★★☆☆☆　⏱ 时间　适度

扫一扫，看视频

支撑脚

以准备站姿站好，并注意来球的路线。

离球较近的脚作为支撑脚，另一只脚的前脚掌用力蹬地，向支撑脚方向并步。

并步脚落地后，支撑脚立即蹬地，向来球方向迈步，移动到方便接球的位置，并在移动的同时完成引拍。

基础步法

▶ 跳步

等级 ★★★★★ ⏱时间 适度

以准备站姿站好，并注意来球的路线。

双脚蹬地，双脚同时起跳，向来球方向跳去。

落地时，双腿屈膝缓冲，然后迅速蹬地，还原重心。

45度状态

主要发力

双脚同时起跳离地

先着地

13

技巧
012

▶ **正交叉步**

等级 ★★★☆☆　⏱时间 适度

扫一扫，看视频

移动路线

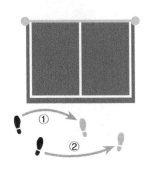

双脚开立，略比肩宽，并仔细观察来球。

腰与髋部向右转动，带动右臂向后引拍，同时重心移至右脚，左脚脚尖点地。

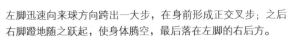

左脚迅速向来球方向跨出一大步，在身前形成正交叉步；之后右脚蹬地随之跃起，使身体腾空，最后落在左脚的右后方。

落地后，快速蹬地还原，同时挥拍，正手击球。

 小提示　交叉步的动作幅度比较大，移动距离比较长，移动速度快，因为可以利用转体与跳跃的力量，所以回球威力也较强。该步法难度较大，且移动时容易失去平衡，所以要多加练习。

第2章 基础步法

技巧
013

▶ **反交叉步**

等级 ★★★☆☆ ⏱时间 适度

扫一扫，看视频

移动路线

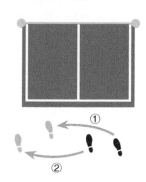

▌双脚开立，略比肩宽，并仔细观察来球。

▌腰与髋部向左转动，右臂从身前引拍至左腹前方，同时重心移至左脚，右脚脚尖点地。

▌右脚迅速向来球方向跨出一大步，在身前形成反交叉步；之后左脚蹬地随之跃起，使身体腾空，最后落在右脚的左侧。

▌落地后，快速蹬地还原，同时挥拍，反手击球。

小提示　在比赛中，运动员往往通过交叉步移动至较远的位置，以回击距离身体较远的来球，或者用来补救角度较大、速度较快的来球。

技巧
014

▶ **单步侧身**

等级 ★★☆☆☆ ⏱时间 适度

以准备站姿站好，仔细观察来球。

右脚向斜后方撤步，同时向右转身，将身体调整至适合正手击球的角度。在移动的过程中右臂向后引拍。

移动路线

技术要领

当来球的落点位于自己的反手位时，球员可以通过侧身让位的方式移动到适合正手击球的位置，以顺利开展抢攻。比赛时，发球抢攻、接发球抢攻和相持阶段的抢攻中都会经常用到该技术。注意，在单步侧身时，在保持重心稳定的前提下，后撤的步伐要相对较大，保证身体能够充分侧身，也便于之后主动发力击球。

第2章

技巧
015

基础步法

▶ 并步侧身

等级 ★★★★★ ⏱时间 适度

扫一扫，看视频

第2章 ——

步法

以准备站姿站好，并仔细观察来球。

右脚用力蹬地，快速向左前方迈步，并落到左脚的右后方。

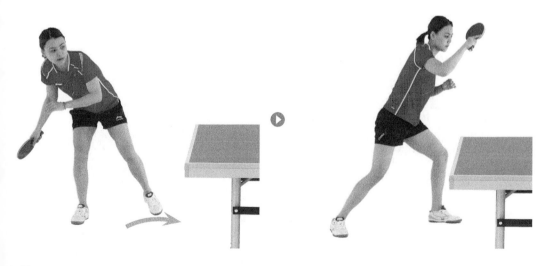

右脚着地后，重心随之右移，同时左脚立即向斜前方迈一小步，移动至适合正手击球的位置。移动的过程中，向右转身，右臂向后引拍，之后在合适的时机正手击球，完成抢攻。

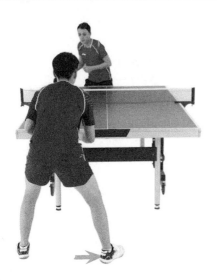

如果来球在身体右侧较远位置，则右脚先向右迈出第一步，且此步距离要小。

右脚落地后，重心右移，同时左脚向右迈出第二步，向右脚靠近。

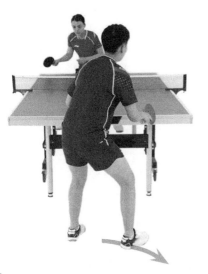

左脚落地后，重心随即移至左脚，然后右脚迅速向右迈出第三步，移动到适合正手击球的位置。在移动的过程中向右转身，同时右臂向后引拍，之后在合适的时机正手击球。

综合应用

▶两步移动

等级 ★★☆☆☆　⏱时间 适度

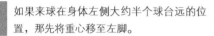

如果来球在身体左侧大约半个球台远的位置，那先将重心移至左脚。

左脚蹬地，右脚向左后方迈出第一步，迅速向左脚靠近。

右脚落地后，立即将重心移至右脚。之后右脚蹬地，左脚向左前方迈出第二步，使身体移动到适合正手击球的位置。在移动的过程中向右转身，同时右臂向后引拍，之后在合适的时机正手击球。

综合应用

▶一步移动（正手）

等级 ★★☆☆☆　⏱时间 适度

扫一扫，看视频

如果来球在身体右侧大约一步远的位置，且球员想要正手击球，那先将重心移至左脚。

左脚用力蹬地，右脚向右迈出一步，重心随之右移，移动到合适位置。

右脚落地后，重心移至右脚。在移动的过程中向右转身，同时右臂向后引拍，之后在合适的时机正手击球。

👍 技术要领

比赛中，球员需要熟练、灵活地运用不同步法，以及时移动到适合的位置。可以说，正确的步法是成功回击来球的必要条件，球员要根据来球的路线与速度，选择合适的步法。其中，三步移动的横向移动距离大致与球台宽度相同；两步移动的横向移动距离大致是球台宽度的一半；而在来球离身体较近且速度较快时，便要根据来球路线，通过一步移动移至适合的位置，选择正手或反手击球。

综合应用

技巧
019

▶一步移动（反手）

等级 ★★☆☆☆ ⏱时间 适度

扫一扫，看视频

如果来球在身体左侧大约一步远的位置，且球员想要反手击球，那先将重心移至右脚。

右脚用力蹬地，左脚向左前方迈出一步，重心随之左移，移动到合适位置。

左脚落地后，重心移至左脚。在移动的过程中向左转身，同时右臂向内屈肘，从身前引拍至腹部前方，之后在合适的时机反手击球。

综合应用

▶ 侧身抢攻移动

等级 ★★☆☆☆　⏱时间　适度

以准备站姿站好，并注意来球的路线。

如果来球落点在左半台，可以进行抢攻，先右脚蹬地，左脚向左前方迈一小步。

重心移至左脚后，右脚后拉，向左脚靠近，同时向右转身，以充分侧身。

重心右移，之后右脚蹬地，左脚向斜前方迈出一大步，同时右臂向后引拍。

技巧
021

综合应用

▶ **大跨步接球**

等级 ★★★☆☆　⏱ 时间　适度

扫一扫，看视频

① ⟶

如果来球的球速较快，且是距离自己较远的正手位球，则先将重心移至左脚。

根据来球路线，左脚用力蹬地，右脚向右横向迈一大步，同时重心随之右移。

移动的过程中向右转身，右臂向后引拍，准备正手击球。

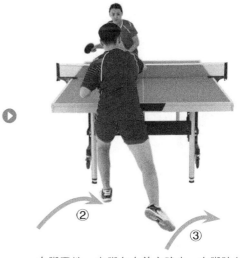

②　③

右脚蹬地，左脚向右前方跨步，右脚随之跃起，使身体向右前方跳跃。腾空时，找准时机挥拍，尽量在最高点击球。

23

综合应用

▶ 削球时的左右移动

等级 ★★☆☆☆ ⏱时间 适度

扫一扫，看视频

向左移动

以准备站姿站好，并注意来球的路线。

先将重心移至左脚，然后左脚蹬地，右脚向左迈一小步。

右脚到位后，左脚迅速向左后方撤一小步，移动到适合削球的位置。移动的过程中向左转身，右臂在身前屈肘，向左上方引拍，之后在合适的时机使用反手削球将球击回。

向右移动

① ②

先将重心移至右脚，右脚蹬地，左脚向右迈一步，靠近右脚。左脚着地后，立即将重心移至左脚，右脚向右后方撤步，并在到位后将重心移至右脚。移动的过程中，向右转身，同时右臂上举，向后上方引拍。

观察来球，在合适的时机正手削球。

综合应用

▶**削球时的前后移动**

等级 ★★☆☆☆　⏱时间 适度

扫一扫，看视频

向前移动

以准备站姿站好，并注意来球的路线。

左脚先向前迈一小步，重心随即移至左脚。之后，右脚向右前方迈步，使自己向球台靠近。

到位后，身体前倾，并将重心移至右脚。在移动的过程中略微向右转身，同时右臂抬起，向后上方引拍。之后在合适的时机正手削球。

向后移动

根据来球的路线，右脚向斜后方撤步，向左脚靠近。

右脚着地后，左脚随即向斜后方撤步，最后左脚落在右脚的左后方。

到位后将重心移至左脚。移动的过程中向左转身，右臂在身前屈肘，向左上方引拍，之后在合适的时机反手削球。

发球技术

第③章

在比赛中，发球是唯一一个不受对手来球制约的环节。高质量的发球可以帮助球员最大限度地实现自己的战术意图，从而占据主动，可见发球技术在对决中的重要性。

第3章 直拍发球技术

技巧
024

▶直拍发球站姿

等级 ★★★★★　⏱时间 适度

45度状态

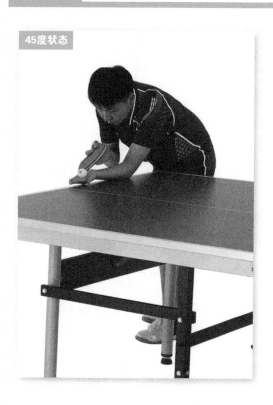

侧面状态

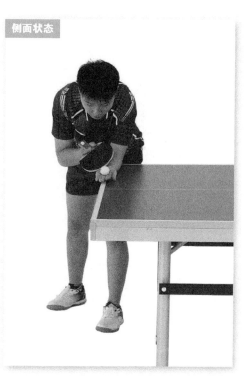

手部特写

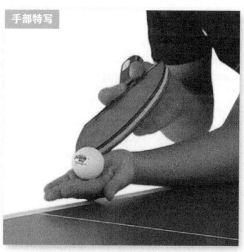

实施方法

根据选择的发球技术站在适合的位置，双脚开立，右手以直拍握法持拍；左手五指并拢，掌心朝上，手掌微握，将乒乓球放在手掌中央，并使球保持静止，置于底线之上。此时，乒乓球与球拍都应处在台面的水平面之上，且球员不得有遮挡球的行为。

技巧
025

▶ **直拍正手发平击球**

等级 ★★☆☆☆ ⏱时间 约10分钟

站位近台，双脚分开，略比肩宽，膝盖微屈，左手持球置于身体前方。

抛球的同时向右转身，右臂抬起并自然弯曲，向右后上方引拍，且拍面略微前倾。

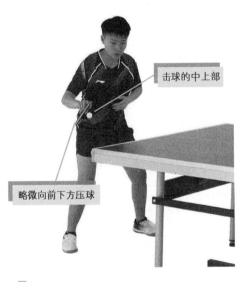

击球的中上部

略微向前下方压球

球下落至稍高于球网时，向左转身，带动右臂向左前上方发力，在身体的右前方击球。

击球后，重心继续左移，并随势向左前上方挥拍，然后迅速还原成准备姿势。

技巧 026

▶ 直拍反手发平击球

等级　★★☆☆☆　⏱ 时间　约10分钟

扫一扫，看视频

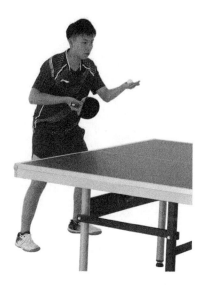

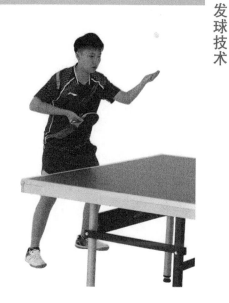

站位近台偏左，双脚平行开立，略比肩宽，膝盖微屈，含胸收腹，左手持球置于身体左侧。

抛球的同时略微向左转身，右臂向内屈肘，向左后方引拍至腹前，且拍面略微前倾。

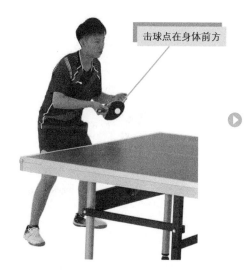

击球点在身体前方

球下落至稍高于球网时，向右转身，右臂向右前方发力，在身体前方击球。

击球后，重心继续右移，并随势向右前上方挥拍，然后迅速还原成准备姿势。

技巧
027

▶ **直拍正手发奔球**

等级 ★★☆☆☆　⏱时间　约10分钟

扫一扫，看视频

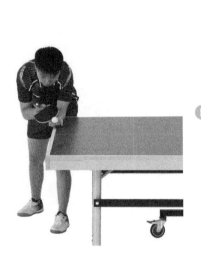

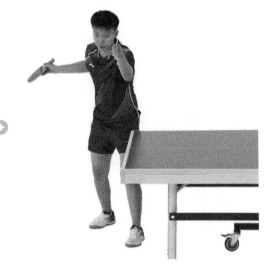

侧身站在球台左角外侧，并靠近球台，身体前倾，含胸收腹，左手持球置于身体左前方。

抛球的同时向右转身，重心随之右移，右臂自然弯曲，向右后方引拍。

击球点要相对较低

球下落至与球网同高时，向左转身，同时右手大臂架起，以肘关节为支点，向左前下方加速挥拍，并在腹部侧前方击球，拍面前倾，摩擦球的中上部。

击球后，继续向前挥拍，但该随挥动作要尽快停下，然后迅速还原成准备姿势。

技巧 **028**

▶直拍反手发奔球

等级 ★★☆☆☆　　⏱时间　约10分钟

扫一扫，看视频

站位近台，双脚开立，与肩同宽，膝盖微屈，身体前倾，左手持球置于身体左前方。

抛球的同时向左转身，重心左移，右臂向内屈肘，从身前向左下方引拍至左腹前方。

手腕瞬间抖动发力

球下落至与球网同高时，迅速向右转身，同时向右前上方加速挥拍，并在腹前击球，拍面前倾，摩擦球的中上部。

击球后，继续向右前方挥拍，但该随挥动作要尽快停下，然后迅速还原成准备姿势。

技巧 029

▶直拍正手发左侧上旋球

等级 ★★★☆☆ ⏱时间 约10分钟

侧身站在球台左角外侧,身体前倾,含胸收腹,左手持球置于身体左前方。

抛球的同时向右转身,重心随之右移,右臂抬起并向右后上方引拍,且拍面接近水平。

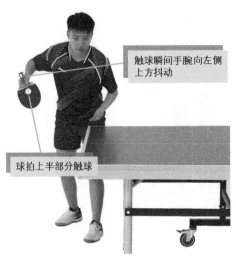

触球瞬间手腕向左侧上方抖动

球拍上半部分触球

球下落至稍高于球网或与球网同高时,向左转身,右手大臂抬起,加速向左前下方挥拍,拍面直立,在身前击球,并向左上方摩擦球的中部。

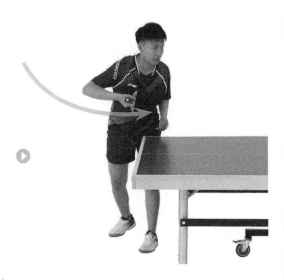

击球后,继续向前挥拍,并多向前推送球,然后迅速还原成准备姿势。

技巧
030

▶直拍正手发左侧下旋球

等级 ★★★☆☆　⏱时间 约10分钟

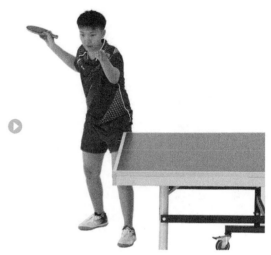

侧身站在球台左角外侧，身体前倾，含胸收腹，左手持球置于身体左前方。

抛球的同时向右转身，重心随之右移，右臂抬起并向右后上方引拍，且拍面稍向后仰。

手腕、食指和拇指瞬间向左前下方发力

球拍下半部分触球

球下落至稍高于球网或与球网同高时，向左转身，右手大臂架起，加速向左前下方挥拍，拍面后仰，在腹前击球，向左下方摩擦球的中下部。

击球后，继续向右下方挥拍，并多向下发力，然后迅速还原成准备姿势。

技巧 **031**

▶直拍反手发右侧上旋球

等级 ★★★☆☆　⏱时间　约10分钟

站位近台偏左，双脚前后开立，膝盖微屈，身体前倾，左手持球置于身体左前方。

抛球的同时向左转身，重心左移，右臂向内屈肘，向左上方引拍至左胸前方，且拍面略微后仰。

球拍上半部分触球

球下落至稍高于球网或与球网同高时，向右转身，带动右手小臂加速向右前方挥拍，拍面稍向后仰，在胸前击球，并向右上方摩擦球的中部。

击球后，继续挥拍，并多向右上方发力，然后迅速还原成准备姿势。

技巧
032

▶ **直拍反手发右侧下旋球**

等级 ★★★☆☆　⏱时间　约10分钟

右脚在前

站位近台偏左，双脚前后开立，膝盖微屈，身体前倾，左手持球置于身体左前方。

抛球的同时向左转身，重心左移，右臂向内屈肘，向左上方引拍至左胸前方，且拍面略微后仰。

手腕、食指和拇指瞬间向右前下方发力

球拍下半部分触球

球下落至稍高于球网或与球网同高时，向右转身，带动右手小臂加速向右前下方挥拍，拍面后仰，在身前击球，并向右前下方摩擦球的中下部。

击球后，继续向右下方挥拍，可再做一个手腕外展的假动作，迷惑对手，然后迅速还原成准备姿势。

技巧
033

▶ **直拍正手高抛发球**

等级 ★★★★☆　　⊙时间　约10分钟

扫一扫，看视频

侧身站在球台左角外侧，左脚在前，身体前倾，含胸收腹，左手持球置于身体左前方。

抛球时手腕不要内勾、侧翻

左臂上扬，小臂发力，垂直向上高抛乒乓球。然后右臂抬起，肘关节自然弯曲，向后引拍至右肩的后上方，同时重心右移。

球下落至与球网同高时，向左转身，重心左移，同时以肘关节为支点，右手小臂加速向前挥动，在近腰处击球。击球时，要集中发力。

击球后，继续向前挥拍，然后迅速还原成准备姿势。

直拍发球技术

▶ **直拍发急下旋球**

等级 ★★★☆☆ ⏱时间 约10分钟

扫一扫，看视频

侧身站在球台左角外侧，身体前倾，含胸收腹，左手持球置于身体左前方。

左手低抛乒乓球，同时向右转身，重心右移，右臂抬起并向右后上方引拍。

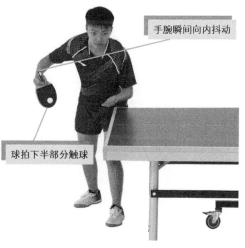

手腕瞬间向内抖动

球拍下半部分触球

球下落至与球网同高时，向左转身，以肘关节为支点，右手小臂向左前下方加速发力，拍面略微后仰，在腹前击球，并摩擦球的中下部。

击球后，继续向前挥拍，但该随挥动作要尽快停下，然后迅速还原成准备姿势。

技巧 035

▶ **直拍正手发左旋球**

等级 ★★★☆☆　⏱时间　约10分钟

扫一扫，看视频

侧身站在球台左角外侧，身体前倾，含胸收腹，左手持球置于身体左前方。

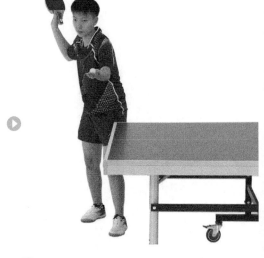

抛球的同时向右转身，重心右移，右臂抬起并向上屈肘，向右后上方引拍。

球下落至稍高于球网时，向左转身，以肘关节为支点，右手小臂向左前下方加速发力，并在腹前击球。击球时，拍面垂直，手腕略微内勾并瞬间向左前方抖动，使球拍由右向左摩擦球的中部。击球后，继续向左下方挥拍，然后迅速还原成准备姿势。

技巧
036

直拍正手发右旋球

等级 ★★★☆☆　⏱时间　约10分钟

扫一扫，看视频

侧身站在球台左角外侧，身体前倾，含胸收腹，左手持球置于身体左前方。

抛球的同时向右转身，重心右移，右臂抬起并自然弯曲，向右后上方引拍。

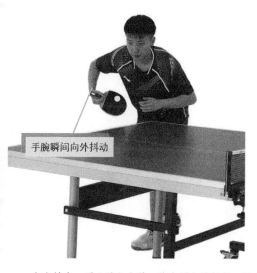

手腕瞬间向外抖动

向左转身，重心随之左移，将右手大臂架起，并向内屈肘，手腕内勾，使球拍指向自己。当球下落至稍高于球网时，手腕瞬间向外抖动，通过手腕的转动控制球拍向右前方挥动，拍面垂直，在胸前击球，并使球拍由左向右摩擦球的中部。击球后，继续向右前方挥拍，然后迅速还原成准备姿势。

▶直拍正手发不转球

等级 ★★★☆☆　⏱时间 约10分钟

侧身站在球台左角外侧，身体前倾，含胸收腹，左手持球置于身体左前方。

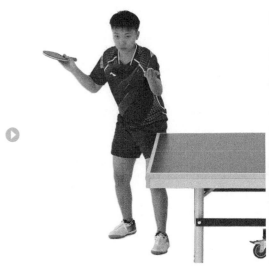

抛球的同时向右转身，重心右移，右臂抬起并自然弯曲，向右后上方引拍，且使拍面与台面平行。

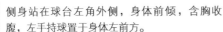

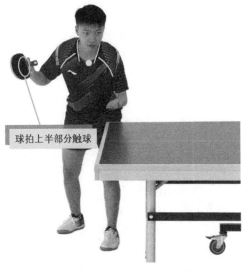

球拍上半部分触球

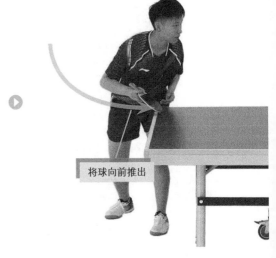

将球向前推出

球下落至稍高于球网或与球网同高时，向左转身，带动右臂加速向左前下方摆动，拍面直立，在胸前击球，并用球拍的上半部分击球的中部，加速将球向前推出。击球后，继续向前挥拍，但该随挥动作要尽快停下，然后迅速还原成准备姿势。

技巧
038

▶ # 直拍反手发不转球

等级 ★★★☆☆　⏱时间　约10分钟

右脚略微靠前

站位近台偏左，双脚开立，与肩同宽，膝盖微屈，身体前倾，左手持球置于身体左前方。

抛球的同时向左转身，重心左移，右臂向内屈肘，向左上方引拍至左肩前方，且使拍面直立。

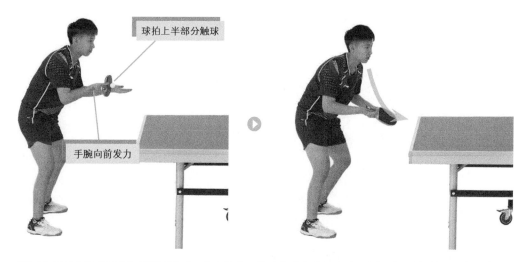

球拍上半部分触球

手腕向前发力

球下落至稍高于球网或与球网同高时，向右转身，带动右手小臂向右前下方摆动，拍面直立，在胸前击球，并用球拍的上半部分击球的中部，加速将球向前推送出去。击球后，继续向前挥拍，但该随挥动作要尽快停下，然后迅速还原成准备姿势。

技巧
039

▶ 横拍发球站姿

等级 ★☆☆☆☆ ⏱时间 适度

45度状态

侧面状态

手部特写

实施方法

根据选择的发球技术站在适合的位置，双脚开立，并保持重心稳定，右手以横拍握法持拍；左手五指并拢，掌心朝上，手掌微握，将乒乓球放在手掌中央，并使球保持静止，置于底线之上。此时，乒乓球与球拍都应处在台面的水平面之上，且球员不得有遮挡球的行为。

技巧
040

▶ **横拍正手发平击球**

等级 ★★☆☆☆　⏱时间　约10分钟

扫一扫，看视频

拍面略微前倾

站位近台，双脚分开，略比肩宽，膝盖微屈，左手持球置于身体左前方。

抛球的同时向右转身，右臂抬起并自然弯曲，向右后上方引拍，且拍面略微前倾。

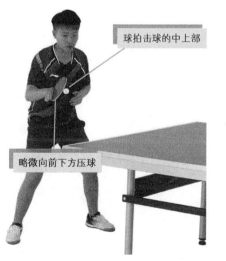

球拍击球的中上部

略微向前下方压球

球下落至稍高于球网时，向左转身，带动右臂向左前上方摆动，在身体的右前方击球。

击球后，重心继续左移，并随势向左前上方挥拍，然后迅速还原成准备姿势。

技巧 **041**

▶横拍反手发平击球

等级 ★★☆☆☆　⏱时间 约10分钟

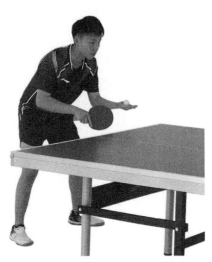

站位近台偏左，双脚平行开立，略比肩宽，膝盖微屈，含胸收腹，左手持球置于身体左前方。

抛球的同时略微向左转身，右臂向内屈肘，向左后方引拍至腹前，且拍面略微前倾。

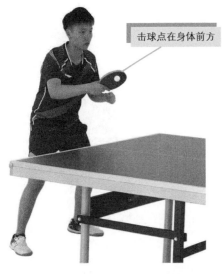

击球点在身体前方

球下落至稍高于球网时，向右转身，带动右臂向右前方挥拍，拍面略微前倾，在身体前方击球的中上部。

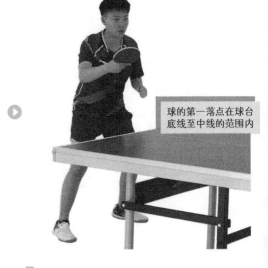

球的第一落点在球台底线至中线的范围内

击球后，随势向右前上方挥拍，重心继续右移，然后迅速还原成准备姿势。

技巧 042

▶横拍正手发奔球

等级 ★★★☆☆　⊙时间　适度

扫一扫，看视频

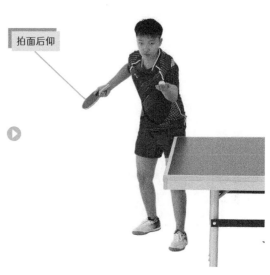

拍面后仰

站在球台左角外侧，双脚前后分开，与肩同宽，左脚在前。膝盖微屈，身体前倾，含胸收腹，左手持球置于身体左前方。

左手将球垂直上抛，同时向右转身，重心移至右脚，右臂上抬，肘关节自然弯曲，向身体右后方引拍，且小臂内旋，使拍面后仰。

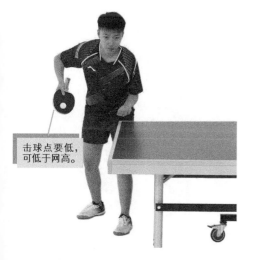

击球点要低，可低于网高。

重心

球下落至与球网同高时，向左转身，同时向左前上方加速挥拍。击球时，拍面前倾，拍头朝下，手腕瞬间向上抖动，摩擦球的中上部。

击球后，继续向前挥拍，并尽快停下，身体重心移至左脚，之后迅速还原成准备姿势。

47

技巧
043

▶ **横拍反手发奔球**

扫一扫，看视频

等级 ★★★☆☆　　⏱时间　约10分钟

右脚在前

站位中近台，双脚开立，与肩同宽，膝盖微屈，身体前倾，左手持球置于身体左前方。

抛球的同时向左转身，重心左移，右臂向内屈肘，向左下方引拍至左腹前方，且拍面前倾。

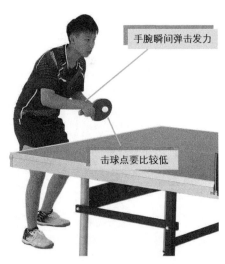

手腕瞬间弹击发力

击球点要比较低

球下落至与球网同高时，向右转身，带动右臂向右前方加速挥拍，在腹前击球，同时手腕瞬间向前上方抖动，拍面前倾，摩擦球的中上部。

第一落点尽量靠近本方底线，以发出长球

击球后，继续向右前方挥拍，但该随挥动作要尽快停下，然后迅速还原成准备姿势。

横拍正手发左侧上旋球

等级 ★★★☆☆ ⏱时间 约10分钟

扫一扫，看视频

侧身站在球台左角外侧，身体前倾，含胸收腹，左手持球置于身体左前方。

抛球的同时向右转身，重心随之右移，右臂抬起并向右后上方引拍，且拍面略微后仰。

手腕瞬间向左上方抖动

球拍上半部分触球

球下落至稍高于球网或与球网同高时，向左转身，右手大臂架起，小臂加速向左前下方发力，在胸前击球的中上部，并向左上方摩擦球。

击球后，继续向前挥拍，并多向前推送球，然后迅速还原成准备姿势。

▶横拍正手发左侧下旋球

等级 ★★★☆☆　⏱时间　约10分钟

扫一扫，看视频

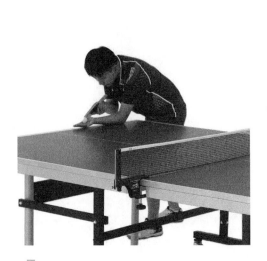

侧身站在球台左角外侧，身体前倾，含胸收腹，左手持球置于身体左前方。

抛球的同时向右转身，重心随之右移，右臂抬起并向右后上方引拍，且拍面稍向后仰。

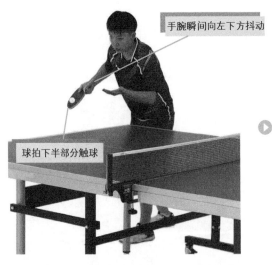

手腕瞬间向左下方抖动

球拍下半部分触球

球下落至稍高于球网或与球网同高时，向左转身，右手大臂架起，小臂加速向左前下方发力，在腹前击球的中下部，并向左前下方摩擦球。

击球后，继续向右下方挥拍，并多向下发力，然后迅速还原成准备姿势。

技巧
046

▶ **横拍反手发右侧上旋球**

等级 ★★★☆☆　　⏱时间　约10分钟

扫一扫，看视频

右脚在前

站位近台偏左，双脚前后开立，膝盖微屈，身体前倾，左手持球置于身体左前方。

抛球的同时向左转身，重心左移，右臂向内屈肘，向左上方引拍至左肩前方，且拍面略微后仰。

手腕瞬间向右上方抖动

球拍上半部分触球

球下落至稍高于球网或与球网同高时，向右转身，右手小臂加速向右前下方发力，在胸前击球的中部，并向右上方摩擦球。

击球后，继续挥拍，并多向右上方发力，然后迅速还原成准备姿势。

技巧 **047**

▶横拍反手发右侧下旋球

等级 ★★★☆☆　⏱时间 约10分钟

扫一扫，看视频

右脚在前

站位近台偏左，双脚前后开立，膝盖微屈，身体前倾，左手持球置于身体左前方。

拍面后仰

抛球的同时向左转身，重心左移，右臂肘关节向内弯曲并略微上提，向左上方引拍至左肩前方。

球拍下半部分触球

球下落至稍高于球网或与球网同高时，向右转身，带动右手小臂加速向右前下方发力，拍面后仰，在身前击球的中下部。击球时，手腕、食指与拇指瞬间向右前下方发力，充分向右前下方摩擦球。击球后，随势挥拍，并多向右下方发力，然后迅速还原成准备姿势。

技巧
048

▶ **横拍反手发上旋球**

等级 ★★★☆☆ ⏱时间 约10分钟

站位近台偏左，双脚前后开立，右脚在前，膝盖微屈，身体前倾，左手持球置于身体左前方。

抛球的同时向左转身，重心左移，右臂向内屈肘，向左后方引拍至身体左侧，且拍面略微后仰。

用球拍左侧击球

球下落至稍高于球网或与球网同高时，向右转身，同时向右前下方加速挥拍，在胸前击球的中下部。击球瞬间，右手小臂与手腕向斜上方发力，迅速向上提拉球拍，以充分摩擦乒乓球的后部，加强上旋。击球后，随势挥拍，然后迅速还原成准备姿势。

▶横拍反手发下旋球

等级 ★★★☆☆ 　⏱时间　约10分钟

扫一扫，看视频

站位近台偏左，双脚前后开立，右脚在前，膝盖微屈，身体前倾，左手持球置于身体左前方。

抛球的同时向左转身，重心左移，右臂向内屈肘，向左后方引拍至左肩前方，且拍面后仰。

👍 技术要领

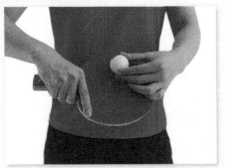
横拍反手发上旋球的击球点

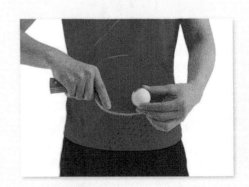
横拍反手发下旋球的击球点

在比赛中，如果发球时选择下旋球，对手往往会选择通过搓球进行回击，便无法立即发起进攻。因此我方在第三板回球时，可以通过上旋球展开进攻，力求在前三板中占据主动。

用球拍右侧击球

球下落至稍高于球网或与球网同高时，向右转身，重心随之右移，带动右臂向右前下方加速摆动，并在胸前击球的中下部。击球瞬间，手指与手腕向前下方发力，使球拍充分向下摩擦乒乓球，以加强下旋。击球后，随势挥拍，然后迅速还原成准备姿势。

45度角度

横拍正手高抛发球

等级 ★★★★☆ ⏱时间 约10分钟

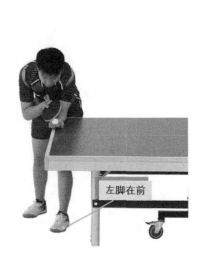

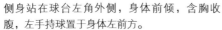

左脚在前

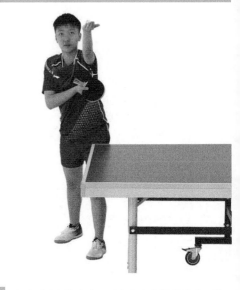

侧身站在球台左角外侧，身体前倾，含胸收腹，左手持球置于身体左前方。

左手手腕自然发力，垂直向上高抛乒乓球，使球垂直、平稳地到达足够高的高度。

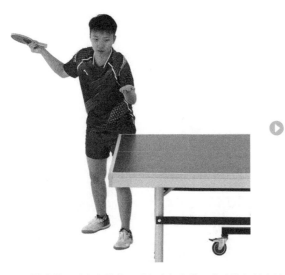

在与球网同高的近腰处击球

抛球的同时向右转身，重心随之右移，右臂抬起并自然弯曲，向后引拍至右肩的后上方。球下落至与球网同高时，向左转身，重心左移，同时以肘关节为支点，右手小臂加速向前摆动，并在近腰处击球。击球时的球拍角度根据自己想要的旋转性质、落点等进行调整。击球后继续向前挥拍，然后迅速还原成准备姿势。

技巧 **051**

▶ **横拍正手发不转球**

等级 ★★★☆☆　⏱时间 约10分钟

侧身站在球台左角外侧，左脚在前，身体前倾，含胸收腹，左手持球置于身体左前方。

抛球的同时向右转身，重心右移，右臂抬起并自然弯曲，向右后上方引拍。

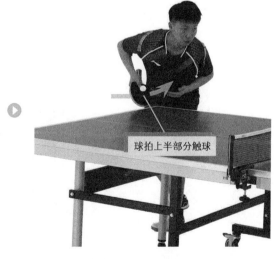

球拍上半部分触球

球下落至稍高于球网或与球网同高时，向左转身，重心随之左移，带动右手小臂加速向左前下方发力，拍面略微后仰或直立，在胸前击球的中部。击球时，让力的作用点接近球心，加速将球向前推出。击球后，随势多向前推送球，然后迅速还原成准备姿势。

技巧 **052**

等级 ★★★☆☆ 时间 约10分钟

▶ **横拍反手发不转球**

扫一扫，看视频

右脚在前

站位近台偏左，双脚前后开立，与肩同宽，膝盖微屈，身体前倾，左手持球置于身体左前方。

抛球的同时向左转身，重心左移，右臂向内屈肘，向左上方引拍至左肩前方。

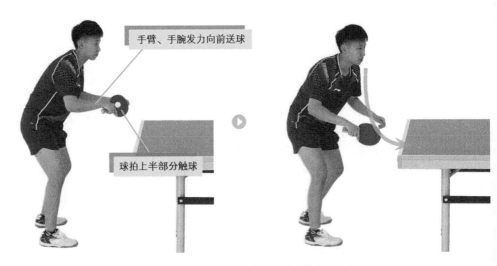

手臂、手腕发力向前送球

球拍上半部分触球

球下落至稍高于球网或与球网同高时，向右转身，重心随之右移，带动右手小臂加速向右前下方发力，拍面略微后仰或直立，在胸前击球的中部，并以球心为作用点将球向前加速推出。击球后，随势挥拍，并多向前发力，然后迅速还原成准备姿势。

技巧
053

▶ **横拍正手发逆向侧旋球**

等级 ★★★☆☆ ⏱时间 约10分钟

扫一扫，看视频

侧身站在球台左角外侧，左脚在前，身体前倾，含胸收腹，左手持球置于身体左前方。

抛球的同时向右转身，重心右移，右臂抬起至大臂水平，并自然弯曲，向右后上方引拍。

用球拍左侧击球

右手大臂架起并向下屈肘，手腕内勾，使拍头指向自己。球下落至与球网同高时，向左转身，重心随之左移，右手大臂保持水平，小臂与手腕由内向外摆动，向右前方挥拍，拍面直立，在胸前击球，并用球拍充分向侧前方摩擦乒乓球。击球后，继续向右前方挥拍，然后迅速还原成准备姿势。

技巧 **054**

▶ **横拍正手发逆向侧下旋球**

等级 ★★★☆☆　⏱时间　约10分钟

扫一扫，看视频

侧身站在球台左角外侧，左脚在前，身体前倾，含胸收腹，左手持球置于身体左前方。

抛球的同时向右转身，重心右移，右臂抬起至大臂水平，并自然弯曲，向右后方引拍。

用球拍左侧击球

右手大臂架起并向下屈肘，手腕内勾，使拍头指向自己。球下落至稍高于球网时，向左转身，重心随之左移，右手大臂保持水平，手腕向外伸展，拍面前倾，在胸前击球的中上部，同时手腕瞬间向右前下方抖动，充分向右侧前下方摩擦乒乓球。击球后，继续向右前方挥拍，然后迅速还原成准备姿势。

技巧
055

▶横拍反手发逆向侧旋球

等级 ★★★☆☆　　⏱时间　约10分钟

扫一扫，看视频

站位近台偏左，双脚开立，膝盖微屈，身体前倾，左手持球置于身体左前方。

抛球的同时向左转身，重心左移，右臂肘关节向内弯曲并上抬，向左上方引拍至左肩前方。

球下落至稍高于球网时，向右转身，重心随之右移，右手以肘关节为支点，小臂向右前下方摆动，拍面后仰，在胸前击球。击球时，手腕发力，控制球拍向下削球，充分摩擦球的后侧，使球逆时针旋转。击球后，小幅度向右前方继续挥拍，然后迅速还原成准备姿势。

击球技术
与练习

第④章

在比赛中，面对来球时，我们不仅要将球击回，还要选择合适的击球技术，给对手制造困难，为之后的战术进行铺垫。面对越是水平相当的对手，越不能松懈，要保证自己的击球质量，减少无谓的失误。

直拍技术

▶直拍接发球准备姿势

等级 ★☆☆☆☆ ⏱时间 适度

45度状态

侧面状态

实施方法

站在近台位置，双脚前后开立，略比肩宽，并将重心放在双脚之间。膝盖微屈，身体前倾，核心收紧。持拍侧手臂自然弯曲，手腕放松，使球拍置于腹部的前方，且让拍头指向前下方；另一侧手臂自然弯曲，放在体侧。集中注意力，仔细观察对手的动作。

 小提示

要接好对手的发球，初始站位的选择非常重要，所以比赛中要根据对手的站位选择合适的位置。对手若站在球台的右角发球，则一般会将球发到球台中央或偏右的位置；对手若站在球台的左角发球，则一般会将球发至我方正手位置或者我方左边大角度球；对手若站在球台中央附近发球，那我方的站位也不能太偏离球台。

63

技巧
057

▶ **直拍拉接球**

等级 ★★★☆☆　⏱时间 约5分钟

扫一扫，看视频

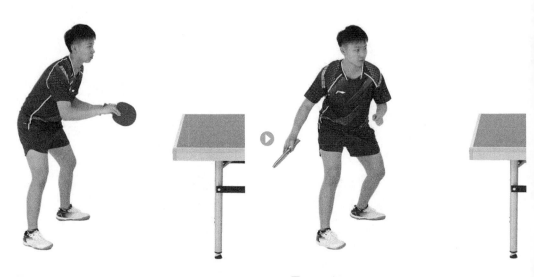

▍根据来球路线移动到中台位置，双脚开立略比肩宽，左脚在前。

▍腰髋向右转动，重心随之右移，右肩略微下沉，右臂自然弯曲并后引至大腿右侧。

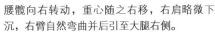

若来球下旋强烈，则拍面垂直；若来球略微下旋，则拍面前倾

▍充分利用蹬地与转腰的力量，向左前上方挥拍，并在来球的高点期或下降前期在身体的右前方击球，同时右手小臂迅速内收。

▍击球后，顺势挥拍至头部左侧，身体重心移至左腿，然后迅速还原成准备姿势。

直拍技术

▶直拍摆短接球

等级 ★★★☆☆　⏱时间　约5分钟

扫一扫，看视频

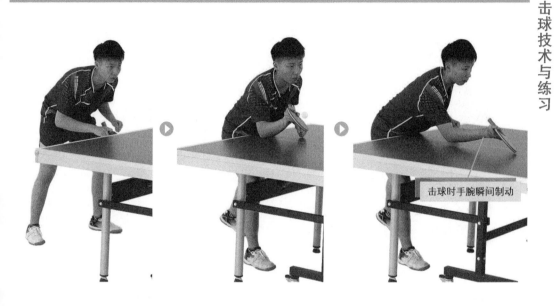

击球时手腕瞬间制动

如果对手的发球较短，则右脚应该迅速向前上步至台下，身体前倾，让自己靠近球台。移动的过程中，右肩略微下沉，右臂前伸并自然弯曲，略微向右后方引拍。

小臂前伸，同时向下发力，拍面略微后仰，在来球的上升期击球的中下部，并向侧下方摩擦球。

侧面角度

引拍不宜过高

技巧 059 ▶直拍反手长球

等级 ★★★☆☆　⏱时间　约5分钟

扫一扫，看视频

左脚在前

根据来球路线移动到中近台位置，右臂在身前自然弯曲，手腕外旋，使拍头朝左。

向左转身使右肩朝前，重心随之左移，右臂向内屈肘，向左后方引拍至左胸前方。

用球拍正面击球

右臂肘部向外侧转动，同时以肘关节为支点，小臂向右前上方挥动，拍面垂直，在身前击球的中部，并利用挥拍产生的离心力将球击回。

击球后，继续向右前上方挥拍，重心移至右脚，然后迅速还原成准备姿势。

第4章 直拍技术

▶直拍横打长球

技巧 **060**

等级 ★★★☆☆ 时间 约5分钟

左脚在前

根据来球路线移动到近台位置，并改用直拍横打的握拍方法。

向左转身，右肩前探，重心左移，右臂向内屈肘，手腕内勾，向左后方引拍至左腹前方。

用球拍反面击球

右臂以肘关节为支点，小臂向右前上方挥动，同时手腕外展，拍面略微前倾，在身前击球。

击球后，继续向右前上方挥拍，重心移至右脚，然后迅速还原成准备姿势。

技巧 061

▶直拍反手推下旋球

等级 ★★★☆☆ ⏱时间 约5分钟

根据来球路线移动到近台位置，右臂在身前自然弯曲，手腕外旋，使拍头朝左。

向右转身，重心右移，右臂肘关节上提使小臂贴近身体，向后上方引拍至胸前。

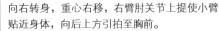
小臂与手腕相对固定，保持拍形稳定

身体向左转回，重心左移，同时右臂前伸，肘关节向前伸展，将球拍向左前下方推出，拍面略微前倾，在来球的高点期击球。

击球后，继续向前下方挥拍，重心移至左脚，然后迅速还原成准备姿势。

直拍技术

▶ 直拍反手拨球

等级 ★★★☆☆　⏱时间　约5分钟

扫一扫，看视频

根据来球路线移动到近台位置，双脚平行开立，膝盖微屈，含胸收腹。

右肩略微下沉，右臂向内屈肘，手腕内勾，向左后方引拍至腹前，并使拍面前倾。

右臂以肘关节为支点，小臂向右前上方加速摆动，在来球的上升后期在身前击球的中上部，并利用反弹力将来球向右前方拨回。

👍 技术要领

反手拨球站位近、动作小、球速快，在比赛中经常与推挡技术结合使用，以扰乱对手的击球节奏。注意，在击球瞬间，球拍对乒乓球以撞击为主、摩擦为辅，主要利用来球的反弹力将球拨回。所以，在反手拨球时，手腕要保持相对固定，主要利用小臂向右前上方挥拍发力；手腕不要抖动发力，这样会使回球不稳，大大降低回球质量。

技巧 **063**

等级 ★★★☆☆　⏱时间 约5分钟

▶直拍正手攻球

球拍不能低于球台

根据来球路线移动到近台位置，双脚前后开立，左脚在前，膝盖微屈。

向右转身，重心右移，右肩略微下沉，右臂自然弯曲并向右后方引拍，且使拍面前倾。

击球点

右脚蹬地，身体向左转回，重心随之左移，带动右臂向左前上方摆动，在来球的高点期在身体的右前方击球。

击球后，随势挥拍至左眼前方，重心继续左移，然后迅速还原成准备姿势。

💡 **小提示**

挥拍时主要小臂发力。击球时，拇指稍用力压拍，中指顶住球拍，手腕保持相对固定，使拍面前倾且保持稳定，击球的中上部。

第4章　直拍技术

技巧 **064**

▶ **直拍侧身攻球**

等级 ★★★☆☆　⏱时间　约5分钟

扫一扫，看视频

判断来球的落点，如果落点在左半台，通过并步或跳步向球台左角外侧移动。

移动的过程中向右转身，侧身朝向球台。同时右臂自然弯曲，向身体的斜后方引拍。

💡 **小提示**　**如果来球是下旋球，则拍面垂直，并引拍至低于球台的位置；如果来球是上旋球，则拍面前倾，并引拍至近似与球台同高的位置。**

想打斜线球则在体侧击球；想打直线球则在身体的斜前方击球

向左转身，重心随之左移，带动右臂向左前上方摆动，并在来球高点期击球。

击球后，随势挥拍至左眼前方，重心继续左移，然后迅速还原成准备姿势。

▶直拍正手扣高球

等级 ★★★☆☆ ⏱时间 约5分钟

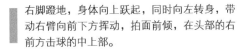
击球瞬间手腕下压

根据来球路线移动到中台位置，双脚前后开立，左脚在前。向右转身，重心右移，右臂抬起并向上屈肘，向后上方引拍至头的右后方。

右脚蹬地，身体向上跃起，同时向左转身，带动右臂向前下方挥动，拍面前倾，在头部的右前方击球的中上部。

击球后，继续向左下方挥拍。落地时，左脚先着地，并将重心移至左脚，期间保持身体平衡，然后迅速还原成准备姿势。

💡 小提示

引拍时，要事先判断来球的高度，保证击球时能够充分利用引拍产生的力量，并减少漏球等失误。比赛中，可以将球扣至对手的反手位，防止其进行反拉进攻。

第4章 | 直拍技术

▶直拍正手扣杀

等级 ★★★☆☆　⏱时间　约5分钟

扫一扫，看视频

根据来球路线移动到中远台位置，双脚前后开立，左脚在前，膝盖微屈。

向右转身，重心右移，右肩略微下沉，右臂自然弯曲，向右后方引拍至大腿的斜后方。

球拍以撞击球为主

右脚蹬地，向左斜前方跳去，同时向左转身，右臂向左前上方加速摆动，拍面前倾，在来球的高点期在身体的右前方击球。

左脚先着地，把重心移至左脚，并继续向左前上方挥拍，然后迅速还原成准备姿势。

技巧
067

▶ **直拍正手搓球**

等级 ★★☆☆☆　⏱时间　约5分钟

扫一扫，看视频

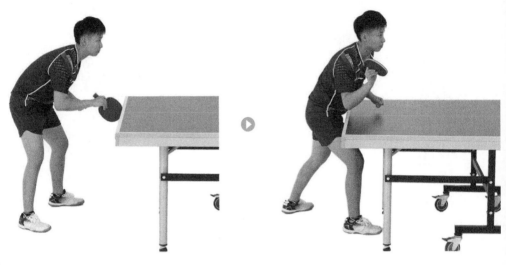

如果来球球路较短，则右脚应该迅速向前上步至台下，身体前倾，让自己靠近球台，并将重心移至右脚。移动的过程中，略微向右转身，右臂向上屈肘，稍向后上方引拍，手腕外旋，使拍面略微后仰。

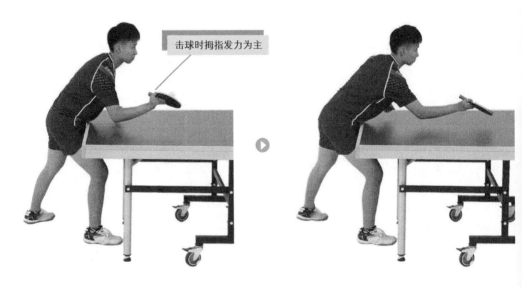

击球时拇指发力为主

身体向左转，右臂迎球前伸，向前下方挥拍，在来球的上升后期在身体的右前方击球，用球拍的下半部分摩擦球的中下部。

击球后，小幅度随势挥拍，之后右脚后撤，迅速还原成准备姿势。

直拍技术

▶ 直拍反手搓球

等级 ★★☆☆☆　时间　约5分钟

扫一扫，看视频

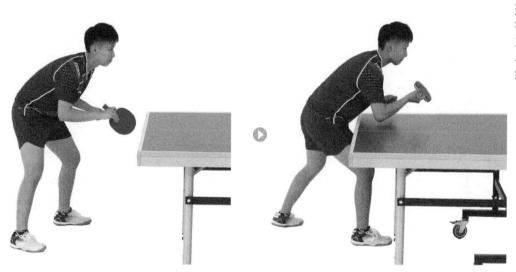

如果来球球路较短，则右脚应该迅速向前上步至台下，身体前倾，让自己靠近球台，并将重心移至右脚。移动的过程中，右臂向内屈肘，稍向左后方引拍至胸前，并使球拍正面朝前，拍面后仰。

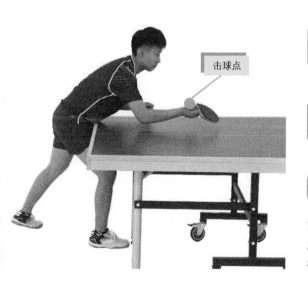

击球点

右臂迎球前伸，以肘关节为支点，小臂向前下方摆动，在来球的上升前期在胸前击球。击球瞬间紧握球拍，控制球拍向前下方削球的中下部。

击球后，小幅度随势挥拍，之后右脚后撤，迅速还原成准备姿势。

💡 **小提示**

如果来球旋转较强，那拍面往后仰的程度要变大；如果来球旋转较弱，拍面略微后仰即可。

技巧 069

▶直拍正手慢搓

等级 ★★★☆☆ ⏱时间 约5分钟

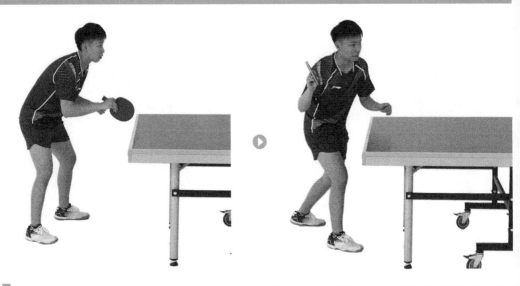

如果来球球路较短，则右脚应该迅速向前上步至球台底线之下，使身体靠近球台，并将重心移至右脚。移动的过程中，向右转身，右臂向上屈肘，向右后上方引拍，手腕外旋，使球拍后仰。

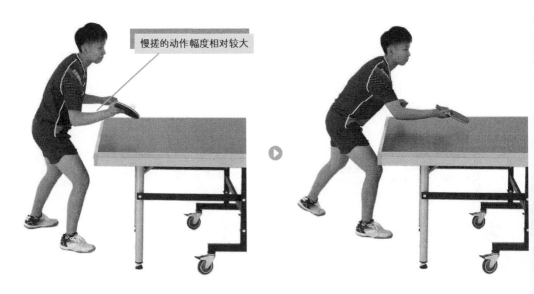

慢搓的动作幅度相对较大

身体向左转，带动右臂前摆，同时肘关节向前伸展，向前下方挥拍，在来球的下降前期在身体的右前方击球的中下部，并向底部摩擦。

击球后，继续向前下方挥拍，之后右脚蹬地后撤，迅速还原成准备姿势。

第4章 | 直拍技术

技巧
070

▶ **直拍反手慢搓**

| 等级 | ★★★☆☆ | ⏱时间 | 约5分钟 |

扫一扫，看视频

上步时重心移至右脚

如果来球球路较短，则右脚应该迅速向前上步至球台底线之下，使身体靠近球台，并将重心移至右脚。移动的过程中，略微向左转身，同时右臂向内屈肘，向左后上方引拍至胸前，并使球拍正面朝前，拍面后仰。

右臂迎球前伸，以肘关节为支点，小臂向前下方摆动，在来球的下降前期击球的中下部，并使球拍向球的底部摩擦。

击球后，继续向前下方挥拍，之后右脚蹬地后撤，迅速还原成准备姿势。

▶直拍正手快搓

等级 ★★★☆☆　⏱时间　约5分钟

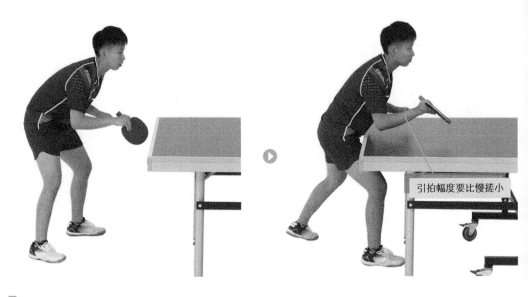

引拍幅度要比慢搓小

如果来球球路较短，则右脚应该迅速向前上步至台下，并将重心移至右脚，身体前倾，让自己靠近球台。在移动的过程中，手臂和手腕自然放松，右臂在身前略微向右后上方引拍，并使拍面后仰。

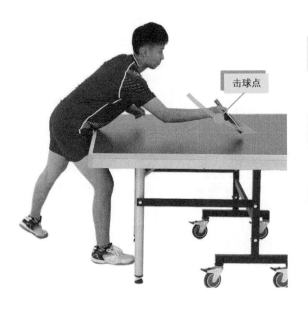

击球点

重心继续前移，身体向来球靠近，右臂迎球前伸，小臂和手腕适当向前下方发力，在来球的上升期击球的中下部，充分利用来球的冲力将球回击。

击球后，继续向前下方挥拍，且随挥的距离要比慢搓短，之后右脚蹬地后撤，迅速还原成准备姿势。

💡 小提示

和慢搓相比，快搓的节奏快、击球时间早、球路变化多，在回球时可以搓出近网短球和底线长球等不同球路。

直拍技术

技巧 **072**

▶直拍反手快搓

等级 ★★★☆☆　⏱时间　约5分钟

扫一扫，看视频

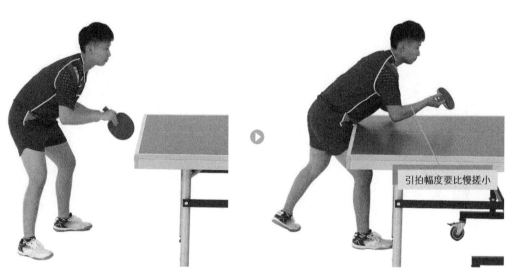

引拍幅度要比慢搓小

如果来球球路较短，则右脚应该迅速向前上步至台下，并将重心移至右脚，身体前倾，让自己靠近球台。在移动的过程中，右臂自然放松并向内屈肘，在身前略微向左后上方引拍，手腕外旋使球拍正面朝前，拍面后仰。

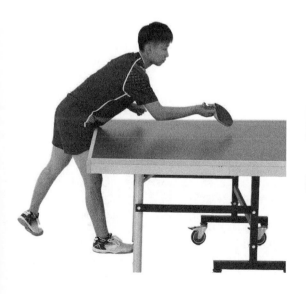

重心继续前移，身体向来球靠近，右臂肘关节向前伸展，小臂和手腕适当向前下方发力，在来球的上升期击球的中下部，充分利用来球的冲力将球回击。

击球后，继续向前下方挥拍，且随挥的距离要比慢搓短，之后右脚蹬地后撤，迅速还原成准备姿势。

💡 **小提示**

右脚向前迈步时，重心随之转移，使身体始终保持稳定，让自己能够平稳、从容地发力挥拍。

技巧
073

▶ **直拍正手摆短搓球**

等级 ★★★☆☆　⏱时间 约5分钟

扫一扫，看视频

引拍幅度要小

如果来球球路较短，则右脚应该迅速向前上步至台下，并将重心移至右脚，身体前倾，让自己靠近球台。在移动的过程中，右肩前倾，右臂前伸至使手臂充分伸入台内，手臂自然弯曲，在身前小幅度向右后上方引拍至右胸前方，手腕自然放松，使拍面后仰。

🏓 错误动作

❌

❌

球拍与身体之间的横向距离过大。

挥拍时手臂完全伸直。

摆短搓球动作幅度小、回球出手快、回球路线短，在比赛中常用于回击近网短球，以打断对手强劲的进攻，为自己创造进攻机会。摆短搓球的动作与快搓相近，但击球时间还要更早一些，在来球刚从台面弹起时便要击球。

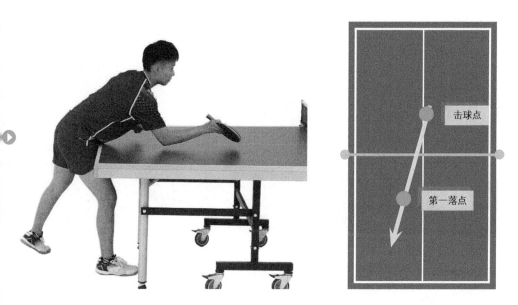

身体向来球靠近，右臂迎球前伸，小臂和手腕适当向前下方发力，在来球的上升前期击球的中下部，并主要借助来球的冲力将球击回。击球后，继续向前下方挥拍，并尽快停下，之后右脚蹬地后撤，身体重心随之后移，迅速还原成准备姿势。

45度角度

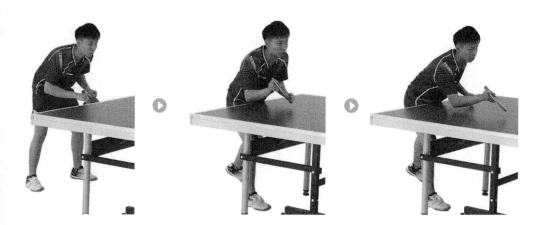

技巧 074 ▶直拍反手摆短搓球

等级 ★★★☆☆ ⏱时间 约5分钟

扫一扫，看视频

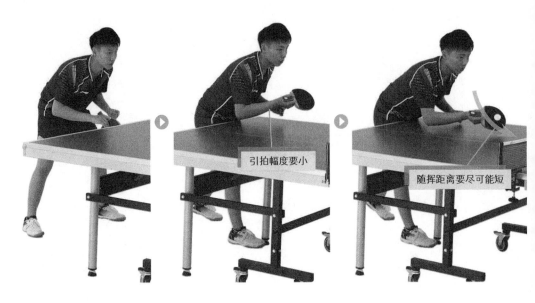

引拍幅度要小

随挥距离要尽可能短

如果来球球路较短，则右脚应该迅速向前上步至台下，并将重心移至右脚，身体前倾，让自己靠近球台。在移动的过程中，右臂前伸并向内屈肘，在身前小幅度向左后上方引拍至胸前，手腕外旋，使球拍正面朝前，且拍面后仰。

右臂迎球前伸，小臂和手腕适当向前下方发力，并借助来球的冲力，在来球的上升前期击球的中下部。击球后，顺势挥拍，之后右脚蹬地后撤，迅速还原成准备姿势。

侧面角度

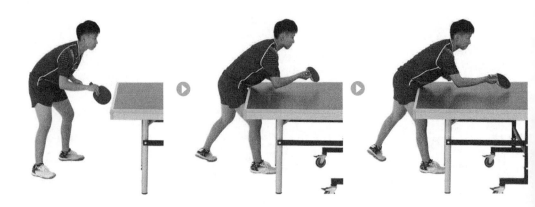

直拍正手台内挑短球

等级 ★★★☆☆ ⏱ 时间 约5分钟

判断来球，如果来球球路较短，则右脚通过单步或者跨步向前上步至台下，并将重心移至右脚，身体前倾，让自己靠近球台。在移动的过程中，略微向右转身，右臂前伸并自然弯曲，向右后方引拍至身体的右前方，手腕放松，并使球拍略向外撇。

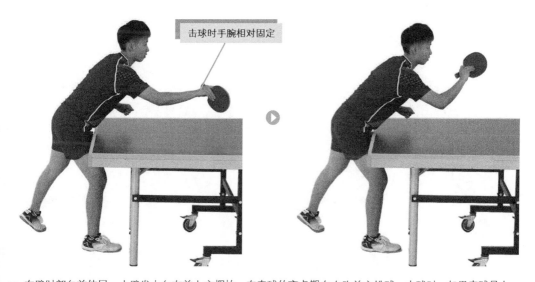

击球时手腕相对固定

右臂肘部向前伸展，小臂发力向左前上方挥拍，在来球的高点期在右胸前方挑球。击球时，如果来球是上旋球，则拍面前倾，击球的中上部；如果来球是下旋球，则拍面后仰，击球的中下部。击球后，继续向前上方挥拍，之后右脚蹬地后撤，迅速还原成准备姿势。

技巧 076

▶ 直拍反手台内拧拉

等级 ★★★☆☆　⏱时间 约5分钟

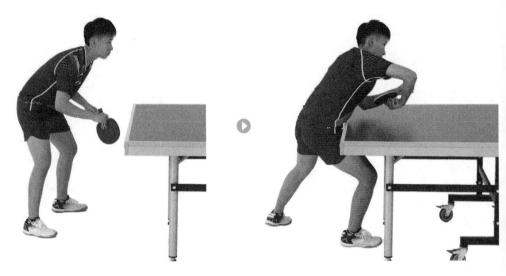

左脚蹬地，右脚迅速向前上步至台下，并将重心移至右脚，让自己靠近球台。在移动的过程中，身体前倾，右肩向前顶出，右臂抬高，引拍至右腹的前方，同时手腕内勾，使拍头指向右侧。

击球时拍头朝下

右臂以肘关节为支点，小臂向右上方摆动，带动手腕外展，使拍头在身前顺时针画弧，拍面前倾，在来球的上升后期在腹前击球。

击球后，继续向右上方挥拍，使拍头指前，之后右脚蹬地后撤，迅速还原成准备姿势。

直拍技术

▶ **直拍横打挑短球**

等级 ★★★☆☆　⏱时间　约5分钟

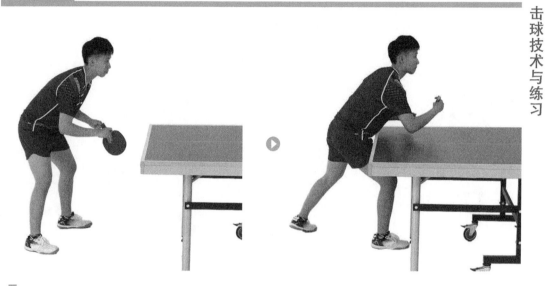

如果来球球路较短，则右脚应该迅速向前上步至台下，并将重心移至右脚，身体前倾，让自己靠近球台。在移动的过程中，右臂前伸并向内屈肘，手腕略微内收，向后引拍至腹前。

右臂以肘关节为支点，小臂向右前上方摆动，带动手腕外展，在来球的高点期在胸前挑球。击球时，如果来球是上旋球，则拍面前倾，击球的中上部；如果来球是下旋球，则拍面后仰，击球的中下部。击球后，继续向右前上方挥拍，之后右脚蹬地后撤，迅速还原成准备姿势。

技巧
078

▶ **直拍正手快带**

等级 ★★★☆☆　⏱时间 约5分钟

扫一扫，看视频

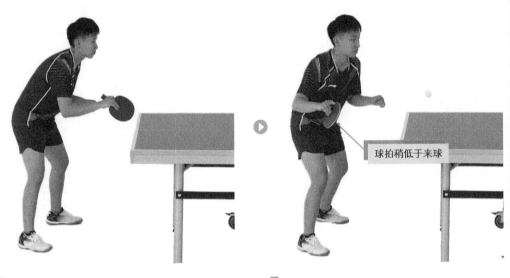

球拍稍低于来球

根据来球路线移动到近台位置，双脚前后开立，略比肩宽，左脚在前。

略微向右转身，重心右移，右臂自然弯曲，向右后方引拍，并使拍面稍向前倾。

击球点在身体的右前方

向左转身，右手大臂贴近身体，小臂向左前上方加速挥动，在来球的上升后期击球的中上部，并向前上方充分摩擦球。

击球后，小臂继续向左前上方挥动，然后迅速还原成准备姿势。

💡 **小提示**

快带具有动作速度快、回球变化多、弧线低的特点，在比赛中可用于回击加转弧圈球，利用来球的前进力将球打回。

第4章 **直拍技术**

技巧 **079**

扫一扫，看视频

▶直拍反手快带

等级 ★★★☆☆　⏱时间 约5分钟

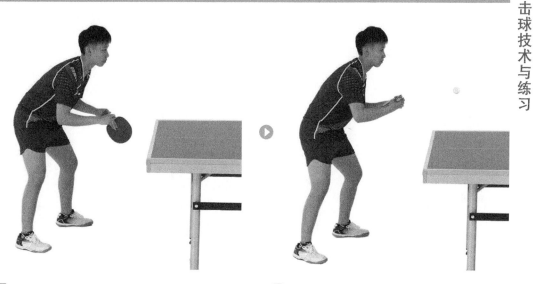

▍根据来球路线移动到中近台位置，双脚前后开立，略比肩宽，左脚在前。

▍略微向左转身，右臂向内屈肘，从身前向左后方引拍至左腹前方，并使拍面前倾。

击球瞬间手腕相对固定

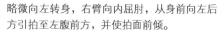

▍以小臂发力为主，并充分利用转动腰髋的力量，向右上方挥拍，在来球的上升期击球的中上部，并向上摩擦球。

▍击球后，小臂继续向右前上方挥动，然后迅速还原成准备姿势。

💡 **小提示**

不管是正手还是反手，在引拍时，动作幅度都比较小。在来球的上升期、在离身体远一点的位置击球。此时，手腕相对固定，以小臂发力为主，向上摩擦球。

▶直拍横打弹击球

等级 ★★★★☆　⏱时间　约5分钟

扫一扫，看视频

根据来球路线移动到中近台位置，双脚开立，略比肩宽，膝盖微屈，身体前倾。

重心左移，右臂向内屈肘，且大臂贴近身体，手腕充分内收，向左后上方引拍至胸前。

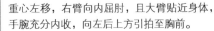
用拍头击球，并以撞击为主

右臂以肘关节为轴，小臂向右前上方挥动，带动手腕外展，向前迎球。拍面前倾，以手腕发力为主，在来球的高点期在身前击球的中上部。

击球后，小臂继续向右前上方挥动，然后迅速还原成准备姿势。

直拍技术

▶ **直拍横打拉上旋球**

等级 ★★★☆☆　⏱时间　约5分钟

拍头指向自己

根据来球路线移动到中台位置，双脚前后开立，略比肩宽，左脚在前。

向左转身，重心左移，右臂屈肘且肘关节前顶，手腕充分内勾，向后下方引拍至左腹前方。

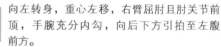

以水平方向的摩擦为主

向右转身，重心随之右移，以右臂肘关节为支点，小臂迎球向右前上方挥动，带动手腕外展，拍面前倾，在来球的高点期在胸前击球。

击球后，小臂继续向右前上方挥动，然后迅速还原成准备姿势。

技巧 **082**

▶ 直拍横打拉下旋球

等级 ★★★☆☆　　⏱时间　约5分钟

扫一扫，看视频

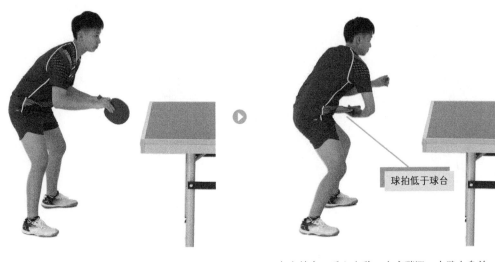

球拍低于球台

根据来球路线移动到近台位置，双脚开立，略
比肩宽，膝盖微屈，身体前倾。

向左转身，重心左移，右肩稍沉，右臂在身前
下垂并向内屈肘，引拍至大腿前上方，手腕充
分内勾，使拍头指向自己。

以垂直方向的摩擦为主

左脚蹬地，身体向右上方顶，带动右臂向右前
上方摆动，同时小臂与手腕外展，拍面前倾，
在来球的高点期在胸前击球的中上部。

击球后，小臂继续向右前上方挥动，然后迅速
还原成准备姿势。

直拍技术

▶直拍正手拉下旋球

等级 ★★★☆☆　⏱时间　约5分钟

扫一扫，看视频

根据来球路线移动到近台位置，双脚前后开立，略比肩宽，左脚在前。

向右转身，重心右移，右臂自然下垂且大臂贴近身体，向后下方引拍至右膝后方。

向左转身，重心左移且保持低重心状态，充分利用转腰的力量，右臂自然弯曲，整体向左前上方加速摆动，拍面略微前倾，在来球下降前期在身体右前方击球，并充分摩擦球的中上部。击球后，右臂向上屈肘，随势挥拍至头部左侧，重心移到左腿，然后迅速还原成准备姿势。

技巧 084

▶直拍正手侧身拉下旋球

等级 ★★★☆☆　⏱时间 约5分钟

根据来球路线，通过并步或跳步移动到球台左角外侧，到位时让右脚先落地，并将重心落在右腿、左脚落在右脚的左前方，以便充分侧身。在移动的过程中，向右转身，侧身朝向球台，右臂自然下垂、弯曲且大臂贴近身体，向后下方引拍至右膝后方。

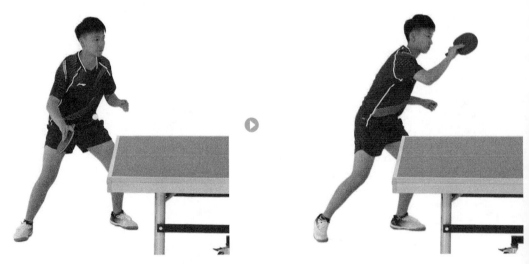

向左转身，重心左移，充分利用转腰的力量，右手大臂带动小臂向左前上方加速摆动，拍面略微前倾，在来球的下降前期在身体右前方击球，并充分摩擦球的中上部。击球后，随势挥拍至头部左侧，重心移到左腿，然后左脚蹬地，通过并步或跳步后撤到近台位置，并迅速还原成准备姿势。

直拍技术

▶ 直拍正手拉加转弧圈球

技巧 **085**

等级 ★★★☆☆　⏱时间　约5分钟

引拍多向下、少向后

根据来球路线移动到中台位置，双脚前后开立，略比肩宽，左脚在前。

向右转身，重心右移并压低，右肩下沉，右臂下垂并自然伸直，向右下方引拍至大腿后侧，并使拍头指向身体左后侧。

击球时以小臂向上发力为主、向前发力为辅

随挥距离较长

右脚蹬地，向左转身，右手大臂带动小臂向左前上方挥动，并借助蹬地、转腰的力量，在来球下降前期在身体的右前方击球。击球时，小臂迅速内收，拍面略微前倾，以让球拍充分摩擦球的中上部。击球后，双脚继续蹬地，重心继续左移，小臂继续向左前上方挥拍至左额的前上方。然后左脚蹬地，迅速还原成准备姿势。

技巧 086

▶ 直拍反手拉加转弧圈球

等级 ★★★☆☆　⏱时间　约5分钟

根据来球路线移动到中台位置，双脚前后开立，略比肩宽，膝盖微屈，身体前倾。

向左转身，重心左移并压低，右肩下沉，右臂在身前下垂并向内屈肘，向左后下方引拍至大腿前侧，手腕内勾，使拍头指向后下方。

击球时以小臂向上发力为主、向前发力为辅

双脚蹬地，并向右转身，以右臂肘关节为支点，小臂向右前上方挥动，带动手腕外展。拍面前倾，在来球的高点期击球的中上部。

击球后，继续向右前上方挥拍至头部右前方，然后右脚蹬地，迅速还原成准备姿势。

技巧
087

直拍正手前冲弧圈球

等级 ★★★☆☆　⏱时间　约5分钟

扫一扫，看视频

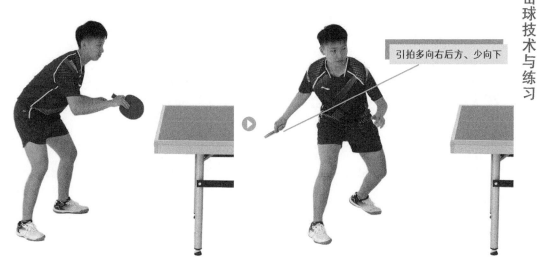

引拍多向右后方、少向下

根据来球路线移动到近台位置，双脚前后开立，略比肩宽，膝盖微屈，身体前倾。

左脚蹬地，向右转身，重心随之右移，右肩下沉，右臂下垂并自然弯曲，小臂发力带动大臂向后引拍，并使拍头指向斜后方。

击球时以小臂向前发力
为主、向上发力为辅

右脚蹬地，向左转身，右手大臂带动小臂加速向左前上方挥动，并借助蹬地、转腰的力量，在来球的上升后期在身体右前方击球。击球时，拍面前倾，小臂和手腕迅速内收，以充分摩擦球的中上部。击球后，重心继续左移，小臂继续向左前上方挥拍至左额前方，然后左脚蹬地，迅速还原成准备姿势。

直拍反手前冲弧圈球

等级 ★★★☆☆ ⏱时间 约5分钟

扫一扫，看视频

根据来球路线移动到近台位置，双脚前后开立，略比肩宽，膝盖微屈，身体前倾。

向左转身，重心左移，右肩下沉，右臂垂于身前，肘关节向前顶，向左下方引拍至左腹前方，手腕内旋，使拍面前倾。

击球时，以小臂向前发力为主、向上发力为辅

双脚蹬地，并向右转身，以右臂肘关节为支点，小臂迅速向右前上方挥动，在来球的高点期击球的中上部，此时要多向前发力。

击球后，继续向右前上方挥拍至头部右前方，然后右脚蹬地，迅速还原成准备姿势。

直拍技术

▶直拍正手反拉弧圈球

等级 ★★★☆☆　⏱时间 约5分钟

根据来球路线移动到中远台位置，双脚前后开立，略比肩宽，膝盖微屈，身体前倾。

向右转身，重心右移，右臂自然弯曲并适当抬高，通过转腰带动右臂向右后方引拍。

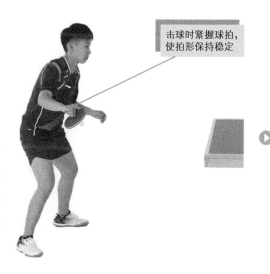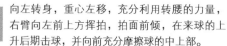

击球时紧握球拍，使拍形保持稳定

向左转身，重心左移，充分利用转腰的力量，右臂向左前上方挥拍，拍面前倾，在来球的上升后期击球，并向前充分摩擦球的中上部。

击球后，重心继续左移，右手手腕与小臂保持相对固定，随势挥拍至左额前方，然后迅速还原成准备姿势。

技巧
090

▶直拍反手反拉弧圈球

等级 ★★★☆☆ ⏱时间 约5分钟

扫一扫，看视频

根据来球路线移动到中远台位置，双脚前后开立，略比肩宽，膝盖微屈。

球拍高于球台

向左转身，重心左移，右肩前探，右臂在身前略微抬高并向内屈肘，向左后下方引拍至左腹前方，手腕内勾，使拍头指向后下方。

击球时小臂与手腕保持相对固定

左脚蹬地，向右转身，重心右移并上提，以右臂肘关节为支点，小臂和手腕迅速外展，小臂向右前上方挥动，在来球的上升后期在胸前击球的中上部，并向前摩擦。

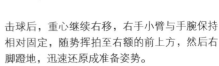

击球后，重心继续右移，右手小臂与手腕保持相对固定，随势挥拍至右额的前上方，然后右脚蹬地，迅速还原成准备姿势。

第 4 章 直拍技术

技巧 091 ▶ 直拍正手中远台对拉弧圈球

等级 ★★★☆☆　⏱时间 约5分钟

扫一扫，看视频

引拍多向右后方、少向下

根据来球路线移动到中远至远台位置，双脚前后开立，略比肩宽，左脚在前，膝盖微屈。

左脚蹬地，向右转身，重心右移，右臂适当抬高并自然弯曲，大臂发力带动小臂向身体的右后方引拍，并使球拍低于来球。

击球时，以小臂与手腕发力为主

随挥距离较长

右脚蹬地，向左转身，重心左移，右手大臂带动小臂向左前上方挥动，在来球的下降前期在身体的右前方击球，并多向前发力，充分摩擦球。

击球后，重心继续左移，随势挥拍至额头的左上方，然后左脚蹬地，迅速还原成准备姿势。

技巧 **092**

▶直拍正手侧身拉弧圈球

等级 ★★★☆☆　⏱时间　约5分钟

扫一扫，看视频

根据来球路线，通过并步或跳步移动到球台左角外侧，到位时让右脚先落地，并将重心放在右腿，左脚落在右脚的左前方，以便充分侧身。在移动的过程中，右臂自然弯曲，并向右转动腰与髋部，带动右臂向右后下方引拍，使球拍移至大腿的斜后方，且此时手腕放松。

击球时，手腕相对固定，注意不要吊腕

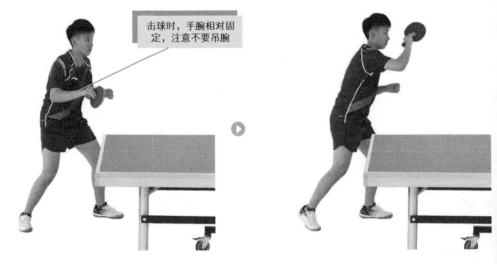

腰部向左转动，重心左移，带动右臂前挥，在来球下降前期在身体右前方击球。击球时，右手小臂迅速内收，向左前上方挥动，拍面前倾，充分摩擦球的中上部。击球后，随势挥拍至额头的前方，重心移到左腿，然后左脚蹬地，通过并步或跳步后撤到近台位置，并迅速还原成准备姿势。

第4章 直拍技术

技巧 093

▶ 直拍横打弹击高调弧圈球

等级 ★★★☆☆　⏱时间　约5分钟

扫一扫，看视频

根据来球路线移动到近台位置，双脚平行开立，略比肩宽，膝盖微屈，含胸收腹。

右肩略微下沉，右臂贴近身体并向内屈肘，向左后上方引拍至左胸前方，手腕内旋，使球拍反面朝前，拍面前倾。

用球拍的下半部分击球，且以撞击球为主

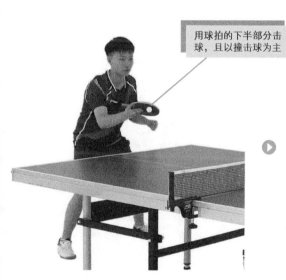

右臂迎球前伸，并以肘关节为支点，小臂与手腕外展，向前下方发力，使球拍外撇，在来球的高点期在胸前击球的中上部。

击球后，继续向右前上方挥拍，然后迅速还原成准备姿势。

技巧 094

▶直拍横打防弧圈球

等级 ★★★☆☆　　⏱时间　约5分钟

根据来球路线移动到近台位置，双脚平行开立，略比肩宽，膝盖微屈，含胸收腹。

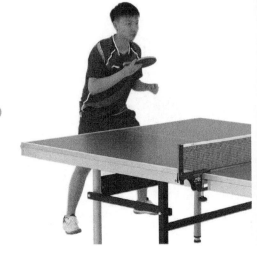

双腿继续屈膝，同时右臂贴近身体并向内屈肘，向左后上方引拍至左胸前方，手腕内旋，使球拍反面朝前，拍面前倾。

发力要集中、短促

双脚蹬地，身体向上顶，并以右臂肘关节为支点，小臂向右前上方的挥拍，在来球的高点期在胸前击球的中上部，击球瞬间手腕稍向外展。

击球后，继续向右前上方挥拍，然后迅速还原成准备姿势。

第4章 直拍技术

技巧 095

▶直拍中台两面拉上旋球

等级 ★★★☆☆　 ⏰时间　约5分钟

扫一扫，看视频

仔细观察来球的路线和性质，快速移动到中台位置。

在移动的过程中，向左转身，右臂向内屈肘，引拍至左腹前方。到位后，双腿屈膝，身体前倾。

在来球的高点期击球，通过反手拉上旋球将球击回。

随挥后迅速还原成准备姿势，并时刻注意对手回球，然后根据其回球路线选择合适的步法迅速移动。

在移动的过程中，向右转身，右臂自然弯曲，向后引拍。到位后，将重心移至右腿。

右脚蹬地，转身挥拍，通过正手拉上旋球将球击回，并在随势挥拍后迅速还原成准备姿势。

👍 技术要领

直拍中台两面拉上旋球训练有利于提升球员的中远台相持能力与连续进攻能力。其中，反面拉球时应选择直拍横打拉上旋球技术，以弥补直拍反手攻击力不足。

103

技巧
096

直拍发短下旋球接侧身抢攻

等级 ★★★☆☆　　⏱时间　约5分钟

扫一扫，看视频

侧身站在球台左角外侧，身体前倾，左手持球置于身体的左前方。垂直向上抛球，同时向右转身，右臂向右后方引拍。

在球落至稍高于球网时，向左转身，挥拍击球，发短下旋球。

左脚蹬地，右脚向右后方迈步，左脚随之撤步调整，移至左半台后方，同时迅速还原成准备姿势。

右脚蹬地，通过跳步左移至侧身位，并充分侧身，同时向右转身，右臂向右后下方引拍。到位后重心放在右腿，然后右脚蹬地，向左转身，通过正手攻球将球击回。随势挥拍后，左脚蹬地还原成准备姿势。

第4章

技巧
097

直拍技术

直拍发下旋球后反手拉下旋球

等级 ★★★☆☆ ⏱时间 约5分钟

扫一扫，看视频

第4章

击球技术与练习

侧身站在球台左角外侧，身体前倾，左手持球置于身体的左前方。垂直向上抛球，同时向右转身，右臂向身体的右后方引拍。

在球落至稍高于球网时，向左转身，挥拍击球，发下旋球，然后迅速还原成准备姿势。

转腰幅度较小

左脚蹬地，移动至左半台的后方，并使身体正对球台。然后根据对手的回球路线，选择单步或跨步迅速移动，同时重心下沉，向左转身，右臂向内屈肘，向左后下方引拍。

双脚蹬地，转身挥拍，通过反手拉下旋球将球击回，并在随势挥拍后迅速还原成准备姿势。

技巧 098

▶ 直拍正手发球后正手抢拉

等级 ★★★☆☆　⏱时间　约5分钟

扫一扫，看视频

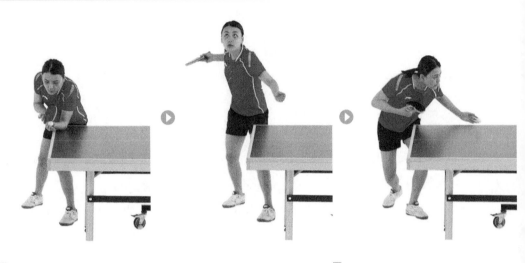

侧身站在球台左角外侧，身体前倾，左手持球置于身体的右前方。垂直向上抛球，同时向右转身，右臂向右后方引拍。

选择合适的发球技术，向左转身，挥拍击球，然后迅速还原成准备姿势。

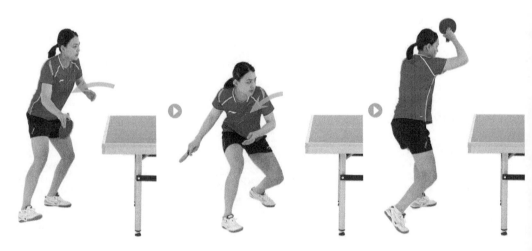

左脚蹬地，右脚向右后方迈步，左脚随之撤步调整，使身体正对球台。

如果来球在自己的正手位，则左脚蹬地，右脚向右侧来球方向迈步，同时向右转身，右臂向右后下方引拍。到位后重心放在右腿，然后右脚蹬地，转身挥拍，通过正手拉球将球击回。随势挥拍后，左脚蹬地还原成准备姿势。

直拍技术

▶ **直拍正手发球后侧身抢拉**

等级 ★★★☆☆   ⏱ 时间   约5分钟

扫一扫，看视频

侧身站在球台左角外侧，身体前倾，左手持球置于身体的右前方。垂直向上抛球，同时向右转身，右臂向右后方引拍。

向左转身，挥拍击球，然后迅速还原成准备姿势。

充分侧身，保证击球空间

转腰幅度需比较大

左脚蹬地，右脚向右后方迈步，左脚随之撤步调整，使身体正对球台。

如果来球在左半台，则右脚蹬地，通过跳步左移至侧身位，同时向右转身，右臂向右后下方引拍。到位后重心放在右腿，然后右脚蹬地，向左转身，通过正手拉球将球击回。随势挥拍后，左脚蹬地还原成准备姿势。

技巧 100

▶ 直拍正手搓球后正手抢拉

等级 ★★★☆☆　⏱时间 约5分钟

扫一扫，看视频

如果来球是短球，预测其落点后，右脚向前上步，重心随之前移，同时观察球的旋转性质来决定接球时的拍形。在移动的过程中，右臂前伸并向后屈肘，随后向右后上方引拍。

迎球挥拍，根据来球性质与之后的战术需要，在合适的时机正手搓接来球，随势挥拍后迅速还原成准备姿势。

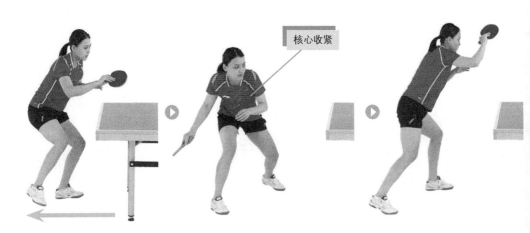

核心收紧

右脚蹬地后撤，并调整身体重心，同时仔细观察对手回球。

如果来球在自己的正手位，则左脚蹬地，右脚向右侧来球方向迈步，同时向右转身，右臂向右后下方引拍。到位后重心放在右腿，然后右脚蹬地，转身挥拍，通过正手拉球将球击回。随势挥拍后，左脚蹬地还原成准备姿势。

 小提示　如果想要自己后一板的拉球更加具有攻击性，那在搓球时要做好铺垫，合理选择落点，力求降低对手的回球质量，为自己创造进攻的机会。

直拍技术

▶ 直拍正手搓球后反手抢拉

等级 ★★★☆☆　⏱时间　约5分钟

扫一扫，看视频

如果来球是短球，预测其落点后，右脚向前上步，重心随之前移，同时观察球的旋转性质来决定接球时的拍形。在移动的过程中，右臂前伸并向后屈肘，随后向右后上方引拍。

迎球挥拍，根据来球性质与之后的战术需要，在合适的时机正手搓接来球，随势挥拍后迅速还原成准备姿势。

观察对手回球，如果来球在自己的反手位，则右脚蹬地后撤，左脚随之调整，迅速向后移动。移动的过程中，含胸收腹，右臂向内屈肘，向左后下方引拍。到位后双腿屈膝，重心下沉。

双脚蹬地，转身挥拍，通过反手拉球将球击回，并在随势挥拍后迅速还原成准备姿势。

技巧
102

直拍技术

▶ **直拍反手搓球后侧身抢拉**

等级 ★★★☆☆　⏱时间　约5分钟

扫一扫，看视频

如果来球是短球，预测其落点后，右脚向前上步，重心随之前移，同时观察球的旋转性质来决定接球时的拍形。在移动的过程中，右臂向内屈肘，从身前向左后方引拍。

右臂迎球前伸，根据来球性质与之后的战术需要，在合适的时机反手搓接来球，随势挥拍后迅速还原成准备姿势。

重心放在右腿

右脚蹬地后撤，并调整身体重心，同时仔细观察对手回球。

右脚蹬地，通过跳步向左前方移动，并充分侧身。同时向右转身，右臂向右后下方引拍。

右脚蹬地，向左转身，通过正手拉球将球击回。之后快速右移回到球台后方，并还原成准备姿势。

直拍技术

▶ 直拍反手搓球后反手抢拉

等级 ★★★☆☆　　⏱时间　约5分钟

如果来球是短球，预测其落点后，右脚向前上步，重心随之前移，同时观察球的旋转性质来决定接球时的拍形。在移动的过程中，右臂向内屈肘，从身前向左后方引拍。

右臂迎球前伸，根据来球性质与之后的战术需要，在合适的时机反手搓接来球，随势挥拍后迅速还原成准备姿势。

观察对手回球，如果来球在自己的反手位，则右脚蹬地后撤，左脚随之调整，迅速向后移动。移动的过程中，含胸收腹，右臂向内屈肘，向左后下方引拍。到位后双腿屈膝，重心下沉。

双脚蹬地，转身挥拍，通过反手拉球将球回击，并在随势挥拍后迅速还原成准备姿势。

 小提示　要仔细观察对手的动向，以保证自己对来球的判断尽量准确，能够及时移动到适合的位置，并在移动的过程中完成引拍。

▶直拍反手搓球后正手抢拉

等级 ★★★☆☆ 🕐时间 约5分钟

扫一扫，看视频

如果来球是短球，预测其落点后，右脚向前上步，重心随之前移，同时观察球的旋转性质来决定接球时的拍形。在移动的过程中，右臂向内屈肘，从身前向左后方引拍。

右臂迎球前伸，根据来球性质与之后的战术需要，在合适的时机反手搓接来球，随势挥拍后迅速还原成准备姿势。

右脚蹬地后撤，并调整身体重心，同时仔细观察对手回球。

如果来球在自己的正手位，则左脚蹬地，右脚向右侧来球方向迈步，同时向右转身，右臂向右后下方引拍。到位后重心放在右腿，然后右脚蹬地，转身挥拍，通过正手拉球将球击回。随势挥拍后，左脚蹬地还原成准备姿势。

直拍技术

▶直拍左推右攻

等级 ★★★☆☆　⏱时间　约5分钟

食指压拍，拇指放松

手臂贴近身体

球拍正面击球

观察来球路线，移动到适合的近台位置。移动的过程中，含胸收腹，略微向右转身，右臂向内屈肘，手腕外旋，从身前向后引拍，并根据球的旋转性质决定拍形。到位后，双腿屈膝。

右臂迎球前伸，肘关节向前伸展，将球拍向前推，并在来球的上升期击球，之后随势挥拍。

迅速还原成准备姿势，同时观察对手回球。如果来球在自己的正手位，则通过并步或跳步向右侧来球方向移动，同时向右转身，右臂向右后方引拍。到位后，将重心放在右腿。

核心收紧，右脚蹬地，转身挥拍，通过正手攻球将球击回。随势挥拍后，迅速还原成准备姿势。

技巧 106

▶ 直拍横打速摆

等级 ★★★☆☆ ⏱时间 约5分钟

扫一扫，看视频

球拍反面击球

观察来球路线，移动到适合的近台位置。移动的过程中，含胸收腹，稍向左转身，右臂向内屈肘，手腕内勾，从身前向左后下方引拍，并根据球的旋转性质决定拍形。到位后，双腿屈膝。

以右臂肘关节为支点，小臂向右前方摆动，带动手腕外展，在来球的上升期击球，之后随势挥拍。

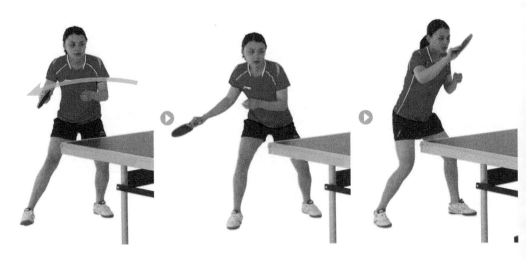

迅速还原成准备姿势，同时观察对手回球。如果来球在自己的正手位，则通过并步或跳步向右侧来球方向移动，同时向右转身，右臂向右后方引拍。到位后，将重心放在右腿。

核心收紧，右脚蹬地，转身挥拍，通过正手攻球将球击回。随势挥拍后，迅速还原成准备姿势。

直拍技术

▶ 直拍左推右拉

等级 ★★★☆☆ ⏱时间 约5分钟

扫一扫，看视频

观察来球路线，移动到适合的近台位置。移动的过程中，含胸收腹，略微向右转身，右臂向内屈肘，手腕外旋，从身前向后引拍，并根据球的旋转性质决定拍形。到位后，双腿屈膝。

右臂迎球前伸，肘关节向前伸展，将球拍向前推，并在来球的上升期击球，之后随势挥拍。

迅速还原成准备姿势，同时观察对手回球。如果来球在自己的正手位，则通过并步或跳步向右侧来球方向移动，同时向右转身，右臂向右后下方引拍。到位后，压低重心，并将重心放在右腿。

核心收紧，右脚蹬地，转身挥拍，通过正手拉球将球击回，并多向上摩擦球。之后迅速还原成准备姿势。

技巧
108

▶ **直拍横打拉球后转侧身冲球**

等级 ★★★☆☆　⏱时间　约5分钟

观察来球路线，移动到适合的近台位置。移动的过程中，稍向左转身，右臂向内屈肘，从身前向左后下方引拍，手腕内勾，拍头指向后下方。到位后，重心下降。

以右臂肘关节为支点，小臂向右前方摆动，带动手腕外展，在来球的上升期击球，之后随势挥拍，并迅速还原成准备姿势。

引拍多向后、少向下

如果来球在左半台，则右脚蹬地，通过跳步向左前方移动，并充分侧身。移动的过程中，向右转身，右臂向右后方引拍。到位后，重心放在右腿。

右脚蹬地，向左转身，挥拍击球，并多向前摩擦球。之后快速右移回到球台后方，并还原成准备姿势。

第4章 直拍技术

▶ 直拍正手拉球后转侧身拉球

等级 ★★★☆☆ 　⏱时间 约5分钟

扫一扫，看视频

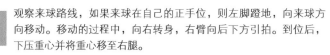

观察来球路线，如果来球在自己的正手位，则左脚蹬地，向来球方向移动。移动的过程中，向右转身，右臂向后下方引拍。到位后，下压重心并将重心移至右腿。

核心收紧，右脚蹬地，转身挥拍，通过正手拉球将球击回。随势挥拍后，左脚蹬地还原成准备姿势。

如果来球在左半台，则右脚蹬地，根据来球路线通过跳步移动至左侧身位，并充分侧身让位。移动的过程中，向右转身，右臂向右后方引拍。到位后，重心放在右腿。

收紧核心，右脚蹬地，向左转身，挥拍击球，并多向前摩擦球。之后快速右移回到球台后方，并还原成准备姿势。

 小提示　要保证正手拉球的质量，使其兼备速度与质量，让对手容易出现失误。此外，也要对对手的回球进行一定的预判，选择合适的击球点，及时移动到侧身位，并充分让位，提高进攻的效率。

117

技巧
110

▶ **直拍正手拉下旋球后转拉上旋球**

等级 ★★★☆☆　⏱时间　约5分钟

扫一扫，看视频

击球时，少撞击，多向上摩擦球的中部

压低身体重心，并多向下引拍

站位中近台，观察来球。之后左脚蹬地，通过并步向来球方向移动。移动的过程中，向右转身，向后下方引拍至右膝后方。到位后，重心下沉，并将重心放在右腿。

右脚蹬地，转身挥拍，在来球下降前期，通过正手拉下旋球将球击回。然后迅速还原成准备姿势。

击球时多向前摩擦球的中上部，并对球进行一定的撞击

身体略微下沉，并多向后侧方引拍

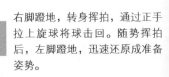

左脚蹬地，右脚向后跨步，移动至中台，并根据来球路线调整位置。在移动的过程中，向右转身，右臂向右后方引拍至大腿的斜后方。到位后，膝盖微屈，并将重心放在右腿。

右脚蹬地，转身挥拍，通过正手拉上旋球将球击回。随势挥拍后，左脚蹬地，迅速还原成准备姿势。

第4章 直拍技术

技巧 111

▶ 直拍正手拉下旋球后接扣杀

等级 ★★★☆☆ ⏱ **时间** 约5分钟

扫一扫，看视频

站位中近台，观察来球。之后左脚蹬地，通过并步向来球方向移动。移动的过程中，向右转身，向右后下方引拍至右膝后方。到位后，重心下沉，并将重心放在右腿。

右脚蹬地，转身挥拍，在来球下降前期，通过正手拉下旋球将球击回。然后迅速还原成准备姿势。

击球时，多向前撞击球的中上部

引拍位置较高，且多向后引拍

左脚蹬地，右脚向后跨步，根据来球路线调整位置。在移动的过程中，向右转身，右臂向右后方引拍至大腿的斜后方。到位后，核心收紧，膝盖微屈，并将重心放在右腿。

右脚蹬地，重心前移，迎球向前跳起，转身挥拍，通过正手扣杀将球击回。然后迅速还原成准备姿势。

119

▶横拍接发球准备姿势

等级 ★☆☆☆☆　时间 适度

正面状态

重心置于双脚之间

45度状态

将重心放在双脚前脚掌

侧面状态

膝盖微屈

站在近台位置，双脚开立，略比肩宽，膝盖微屈，核心收紧，身体前倾。持拍侧手臂自然弯曲，手腕放松，将球拍置于腹部的前方，使拍头指向斜前方；另一侧手臂自然弯曲，放在体侧。集中注意力，观察对手。

第4章

技巧
113

横拍技术

▶横拍正手引拍

等级 ★☆☆☆☆　⏱时间　适度

扫一扫，看视频

第4章 →

击球技术与练习

向右转身，重心随之右移，右臂抬起，肘关节自然打开，通过腰部的转动带动右臂向后引拍。

45度状态

技巧
114

▶ **横拍反手引拍**

等级 ★☆☆☆☆ ⏱时间 适度

扫一扫，看视频

向左转身，重心随之左移，肩膀随腰部向左转动，带动右臂前摆，同时右臂肘关节向内弯曲，从身前向左后方引拍至左腹前方。

45度状态

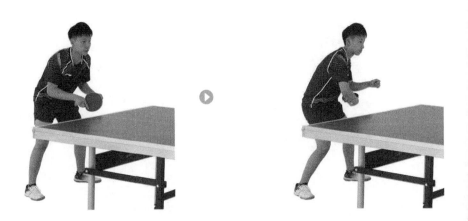

▶横拍拉接球

技巧 115

等级 ★★★☆☆　⏱时间 约5分钟

扫一扫，看视频

根据来球路线移动到中台位置，双脚开立，略比肩宽，左脚在前。

右肩略微下沉，右臂自然弯曲，腰髋向右转动，重心右移，带动右臂向后引拍。

若来球下旋强烈则拍面垂直，若来球略微下旋则拍面前倾

右脚蹬地，向左转腰，带动右臂向左前上方挥动，在来球的高点期或下降前期在身体的右前方击球。击球时小臂瞬间内收，以充分摩擦球。

击球后，随势挥拍至头部左侧，身体重心移至左腿，然后迅速还原成准备姿势。

技巧
116

▶**横拍摆短接球**

等级 ★★★☆☆　⏱时间　约5分钟

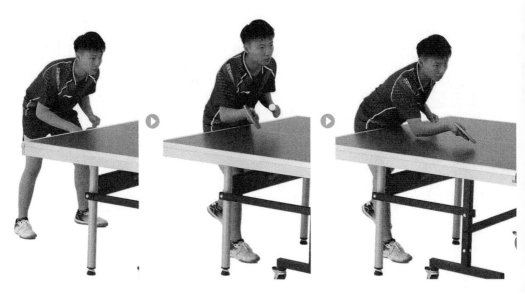

▌如果对手的发球较短，则右脚迅速向前上步至台下，身体前倾，让自己靠近球台。移动的过程中，右肩略微下沉，右臂自然弯曲并伸向右前方，手腕外展，进行引拍。

▌右手小臂前伸，手腕发力，向左前下方挥拍，拍面略微后仰，在来球的上升期击球的中下部，并向侧下方摩擦球。

正面角度

引拍不宜过高

横拍技术

▶横拍反手长球

等级 ★★★☆☆　⊙时间　约5分钟

扫一扫，看视频

根据来球路线移动到近台位置，双脚开立，略比肩宽，左脚在前。

右肩稍向前探，右臂垂于身前并向内屈肘，手腕内勾，回撤球拍于腹前。

球拍不能过于倾斜

右手小臂向右前上方发力，带动肘关节和手腕外展，在身前击球的中上部。击球时，拍面略微前倾，拍头指向前上方。

击球后，继续向右前上方挥拍，重心移至右脚，然后迅速还原成准备姿势。

技巧
118

▶横拍反手拨球

等级 ★★★☆☆　⏱时间　约5分钟

扫一扫，看视频

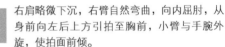

▌根据来球路线移动到近台位置，双脚平行开立，膝盖微屈，含胸收腹。

▌右肩略微下沉，右臂自然弯曲，向内屈肘，从身前向左后上方引拍至胸前，小臂与手腕外旋，使拍面前倾。

▌右手小臂外旋并向右前上方加速摆动，带动手腕外展，在来球的上升后期在身前击球的中上部，并向右前方撞击球。

🏓 错误动作

❌ 击球时有甩手腕的动作，无法准确控制回球，使球容易出界或下网。

✔ 挥拍时，小臂带动手腕发力。在击球瞬间，拍面稍向前倾，手腕保持相对固定，由小臂向右前上方发力。此外，球拍要以撞击球为主、摩擦球为辅。

技巧 119

横拍技术

▶横拍正手攻球

等级 ★★★☆☆ ⏰时间 约5分钟

扫一扫，看视频

球拍不能低于球台

肘关节夹角在100度到130度

根据来球路线移动到近台位置，双脚前后开立，略比肩宽，左脚在前。

向右转身，重心右移，右臂自然弯曲，向右后方引拍至腰侧，并使拍面前倾。

击球瞬间手腕保持相对固定，由小臂发力

右脚蹬地，向左转身，重心随之左移，带动右臂前挥，小臂向左前上方发力，在来球的高点期在身体的右前方击球的中上部。

击球后，继续向左前上方挥拍至左眼前方，身体重心移至左腿，然后迅速还原成准备姿势。

▶横拍侧身攻球

技巧 **120**

等级 ★★★☆☆　⏱时间　约5分钟

判断来球的落点，如果落点在左半台，则通过并步或跳步向球台左角外侧移动。

在移动的过程中，充分侧身，并向右转腰，带动右臂后摆，引拍至体侧，并根据来球的旋转性质调整动作。

右脚蹬地，向左转身，重心随之左移，带动右臂向左前上方摆动，挥拍击球，并根据自己想要的回球路线选择合适的击球时间与击球点。

击球后，随势挥拍至左眼前方，重心继续左移，然后左脚蹬地，迅速回到球台后方的位置，并还原成准备姿势。

 小提示　如果想打斜线球，则在来球的下降前期在体侧击球；如果想打直线球，则在来球的高点期在身体的侧前方击球。

▶横拍中近台反手攻球

等级 ★★★☆☆　⏱时间　约5分钟

扫一扫，看视频

距离球台 70 厘米左右
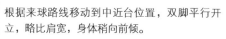

根据来球路线移动到中近台位置，双脚平行开立，略比肩宽，身体稍向前倾。

肘关节略微前顶

含胸收腹，右肩下沉并前顶，右臂向内屈肘，从身前向左后下方引拍至左腹前方，并使拍面略微前倾。

击球时以小臂发力为主

核心收紧，右臂向右前上方挥动，小臂发力外展，在身体的右前方击球的中上部。

击球后，继续向右前上方挥拍，然后迅速还原成准备姿势。

技巧 122

▶横拍正手扣杀

等级 ★★★☆☆　⏱时间　约5分钟

根据来球路线移动到近台位置，双脚前后开立，略比肩宽，左脚在前。

向右转身，右肩略微下沉，重心右移，右臂自然弯曲，向右后方引拍，并使拍面略微前倾。

击球时手腕相对固定

右脚蹬地，向左转身，带动右臂水平前挥，在来球的高点期在身体的右侧击球的中部。挥拍时可略微跳起，以使用全身的力量击球。

击球后，重心移至左脚，随势挥拍至头部的左侧，然后迅速还原成准备姿势。

横拍技术

▶横拍正手搓球

等级 ★★★☆☆ ⏱时间 约5分钟

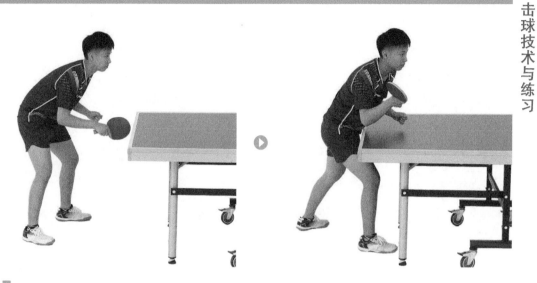

如果来球球路较短，则右脚应该迅速向前上步至台下，身体前倾，让自己靠近球台，并将重心移至右脚。移动的过程中，略微向右转身，右臂向上屈肘，从身前稍向右后上方引拍，手腕外旋，使球拍略微后仰。

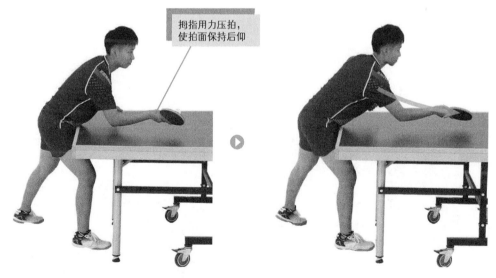

拇指用力压拍，使拍面保持后仰

身体向左转，右臂迎球前伸，肘关节向前伸展，在来球的上升后期在身体的右前方击球，并充分向前下方摩擦球的中下部。

击球后，小幅度随势挥拍，之后右脚蹬地后撤，迅速还原成准备姿势。

▶横拍反手搓球

等级 ★★★☆☆　⏱时间 约5分钟

扫一扫，看视频

如果来球球路较短，则右脚应该迅速向前上步至台下，身体前倾，让自己靠近球台，并将重心移至右脚。移动的过程中，右臂向内屈肘，稍向左后上方引拍至胸前，小臂内旋，使拍面后仰。

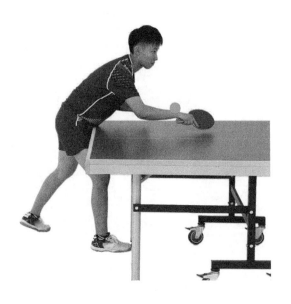

右臂迎球前伸，肘关节向前伸展，小臂向前下方摆动，在来球的上升后期在胸前击球，并充分向前下方摩擦球的中下部。

击球后，小幅度随势挥拍，之后右脚后撤，迅速还原成准备姿势。

💡 **小提示**

挥拍击球时，注意要在右臂完全伸直之前击球，以充分利用手臂伸展积蓄的力量，使搓球更具有攻击力。

技巧
125

▶ **横拍正手慢搓**

等级 ★★★☆☆ ⏱ 时间 约5分钟

扫一扫，看视频

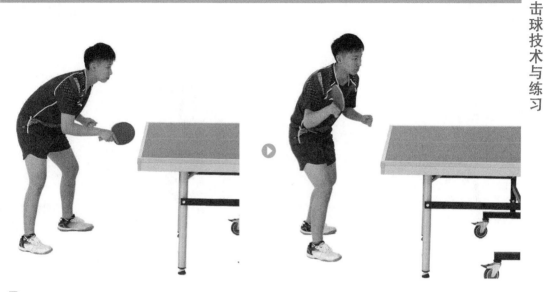

如果来球球路较短，则右脚应该迅速向前上步至球台底线之下，使身体靠近球台，并将重心移至右脚。移动的过程中，略微向右转身，右臂向上屈肘，向右后上方引拍，手腕外旋，使球拍后仰。

向左转身，带动右臂前挥，同时肘关节向前伸展，向前下方挥拍，在来球的下降前期在身体的右前方击球，并向下摩擦球的中下部。

击球后，随势挥拍，之后右脚蹬地后撤，迅速还原成准备姿势。

技巧 126

▶横拍反手慢搓

等级 ★★★☆☆　⏱时间 约5分钟

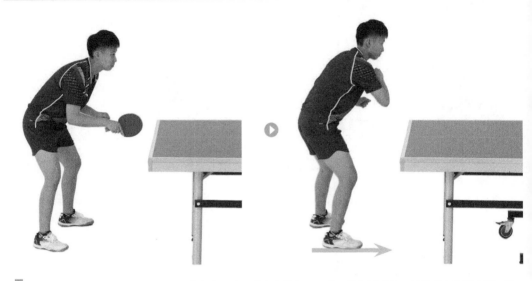

如果来球球路较短，则右脚应该迅速向前上步至球台底线之下，使身体靠近球台，并将重心移至右脚。移动的过程中，略微向左转身，同时右臂向内屈肘，向左后上方引拍至左肩前方，并使拍面后仰。

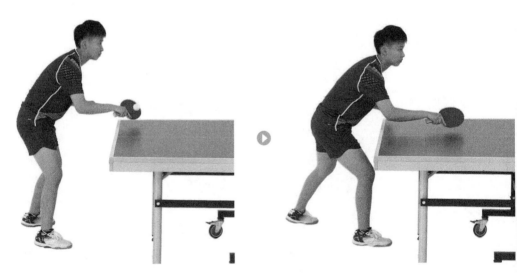

向右转身，右臂迎球前伸，同时肘关节外展，向前下方挥拍，在来球的下降前期在胸前击球，并向下摩擦球的中下部。

击球后，继续向前下方挥拍，之后右脚蹬地后撤，迅速还原成准备姿势。

横拍技术

▶横拍正手快搓

等级 ★★★☆☆　⏱时间　约5分钟

扫一扫,看视频

引拍幅度要比慢搓小

如果来球球路较短,则右脚应该迅速向前上步至台下,并将重心移至右脚,身体前倾,让自己靠近球台。在移动的过程中,右臂前伸并自然弯曲,小幅度向右后上方引拍,并使拍面后仰。

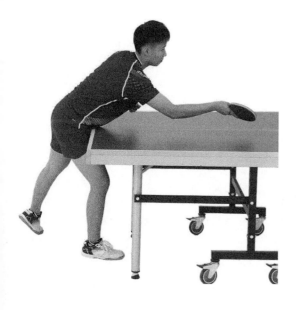

身体前迎,右手大臂带动小臂前伸,同时小臂和手腕适当向前下方发力,在来球的上升期击球的中下部,并利用来球的冲力将球击回。

击球后,继续向前下方挥拍,且随挥的距离要比慢搓短,之后右脚蹬地后撤,迅速还原成准备姿势。

💡 小提示

快搓球速快、节奏快,但回球的旋转较弱。慢搓回球时,球更为旋转,落点也更好控制。比赛中,球员要根据场上情况选择合适的技术进行回球。

技巧

128

▶横拍反手快搓

等级 ★★★☆☆　⊕时间　约5分钟

扫一扫，看视频

引拍幅度要比慢搓小

如果来球球路较短，则右脚应该迅速向前上步至台下，并将重心移至右脚，身体前倾，让自己靠近球台。在移动的过程中，右臂向内屈肘，在身前略微向左后上方引拍，手腕放松，使拍面后仰。

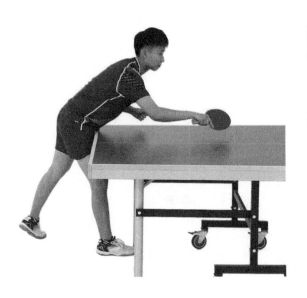

身体前迎，右臂肘关节外展，小臂和手腕适当向前下方发力，在来球的上升期击球的中下部，充分利用来球的冲力将球击回。

击球后，继续向前下方挥拍，且随挥的距离要比慢搓短，之后右脚蹬地后撤，迅速还原成准备姿势。

💡 小提示

为了避免搓球失误或是回球速度较慢，击球前身体要靠近来球，并在来球的上升期击球，尽可能给对手较少的准备时间，为自己的进攻创造条件。

横拍技术

▶横拍正手摆短搓球

等级 ★★★☆☆ ⏱时间 约5分钟

扫一扫，看视频

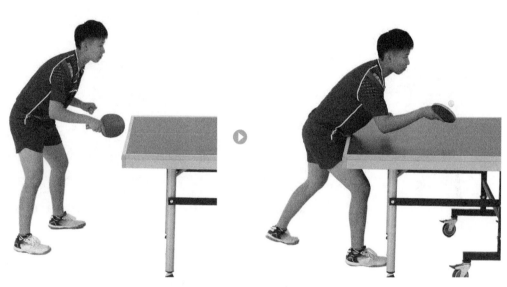

如果来球球路较短，则右脚应该迅速向前上步至台下，并将重心移至右脚，身体前倾，让自己靠近球台。在移动的过程中，右肩前倾，右臂前伸至手臂充分伸入台内，手臂自然弯曲，在身前小幅度向右后上方引拍至右胸前方，手腕自然放松，使拍面后仰，且引拍幅度要小。

右臂迎球前伸，小臂和手腕适当向前下方发力，在来球的上升前期击球的中下部，并利用来球的冲力将球击回。

击球后，继续向前下方挥拍，且随挥距离要尽可能短，然后右脚蹬地后撤，迅速还原成准备姿势。

💡 **小提示**

为了避免打出长球，击球时发力要集中，手腕在触球瞬间集中发力，用球拍向下摩擦球，且击球后挥拍幅度要小。

技巧 130

▶横拍反手摆短搓球

等级 ★★★☆☆ ⏱时间 约5分钟

扫一扫，看视频

如果来球球路较短，则右脚应该迅速向前上步至台下，并将重心移至右脚，身体前倾，让自己靠近球台。在移动的过程中，右肩前倾，右臂前伸至手臂充分伸入台内，向内屈肘，在身前小幅度向左后上方引拍至腹前，手腕自然放松，使拍面后仰。

右臂迎球前伸，肘关节外展，向前下方挥拍，在来球的上升前期击球的中下部，注意要在触球瞬间发力击球。

击球后，继续向前下方挥拍，且随挥距离要尽可能短，然后右脚蹬地后撤，迅速还原成准备姿势。

💡 小提示

摆短接发球时，击球点可以离身体近一些，以提高回球的准确性；且引拍时手臂不要过早伸入台内，不然容易使得击球节奏混乱，影响回球质量。

▶横拍正手挑短球

等级 ★★★☆☆ ⏱**时间** 约5分钟

扫一扫，看视频

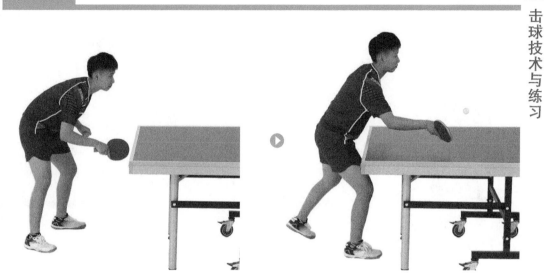

> 如果来球球路较短，则右脚通过单步或者跨步向前上步至台下，并将重心移至右脚，让身体向右前方靠近球台。在移动的过程中，略微向右转身，右臂水平抬起并自然弯曲，稍向右后方引拍，手腕外展，使球拍稍向后仰。

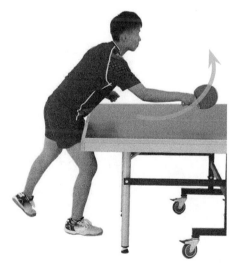

> 身体前迎，重心前移，右臂前挥，先向前下方挥拍，在击球前改为向左前上方挥拍，在来球的高点期在身体的右前方击球的中部。

> 击球后，右臂向内屈肘，继续向左上方挥拍至左眼前方，然后右脚蹬地后撤，迅速还原成准备姿势。

技巧
132

▶横拍台内反手挑短球

等级 ★★★☆☆　⏱时间　约5分钟

扫一扫，看视频

如果来球球路较短，则右脚通过单步或者跨步向前上步至台下，并将重心移至右脚，让身体向右前方靠近球台。在移动的过程中，略微向左转身，右臂前伸并向内屈肘，肘关节稍向前顶，向后引拍至腹前，手腕向内扭转，并根据来球的旋转性质决定拍形。

来球是下旋球则拍面后仰；
来球是上旋球则拍面前倾

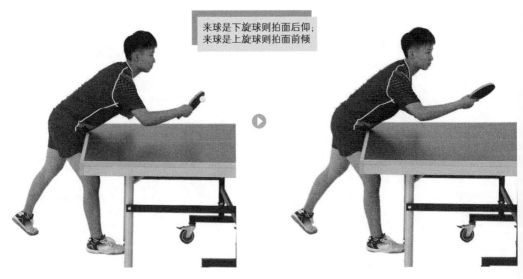

身体前迎，右臂以肘关节为轴，小臂向右前上方挥动，在来球的高点期击球。击球时，手腕相对固定，并集中发力挑球。

击球后，继续向右前上方挥拍，然后右脚蹬地后撤，迅速还原成准备姿势。

横拍技术

▶ 横拍正手快带

第4章 技巧 133

等级 ★★★☆☆　⏱时间 约5分钟

扫一扫，看视频

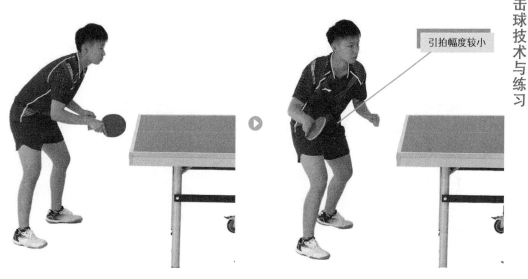

引拍幅度较小

根据来球路线移动到近台位置，双脚平行开立，略比肩宽，身体前倾。

稍向右转，重心右移，右臂自然弯曲，向右后方引拍，使拍面略微前倾，且球拍低于来球。

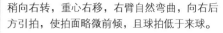
击球点在身体的右前方

向左转身，右手大臂贴近身体，小臂向左前上方挥动，在来球的上升后期击球的中上部。此时手腕相对固定，小臂发力向前上方充分摩擦球。

击球后，小臂继续向左前上方挥动，然后迅速还原成准备姿势。

💡 小提示

为了避免回球下网，在击球时，手腕不能随意晃动，手腕和拍形应保持固定，在来球的上升期、离身体稍远一点的位置击球。

▶横拍反手快带

等级 ★★★☆☆　⏱时间　约5分钟

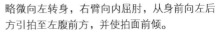

根据来球路线移动到近台位置，双脚平行开立，略比肩宽，身体前倾。

略微向左转身，右臂向内屈肘，从身前向左后方引拍至左腹前方，并使拍面前倾。

腰髋向右转，带动右臂向右上方挥动，在来球的上升期击球的中上部。此时手腕相对固定，并以小臂发力为主充分向上摩擦球。

击球后，小臂继续向右前上方挥动，然后迅速还原成准备姿势。

▶横拍反面弹击球

等级 ★★★☆☆ ⏱时间 约5分钟

根据来球路线移动到中近台位置，双脚开立，略比肩宽，膝盖微屈，身体前倾。

重心左移，右臂向内屈肘，肘关节前顶，手腕内勾，向左后上方引拍至胸前，并使拍面前倾。

右臂迎球前伸，并以肘关节为轴，小臂向右前上方挥动，带动手腕外展，拍面前倾，在来球的高点期在身前击球的中上部，向前撞击球。

击球后，小臂继续向右前上方挥动，然后迅速还原成准备姿势。

技巧
136

▶横拍反手拉上旋球

等级 ★★★☆☆　⏱时间　约5分钟

扫一扫，看视频

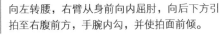

根据来球路线移动到近台位置，双脚平行开立，略比肩宽，膝盖微屈，身体前倾。

向左转腰，右臂从身前向内屈肘，向后下方引拍至右腹前方，手腕内勾，并使拍面前倾。

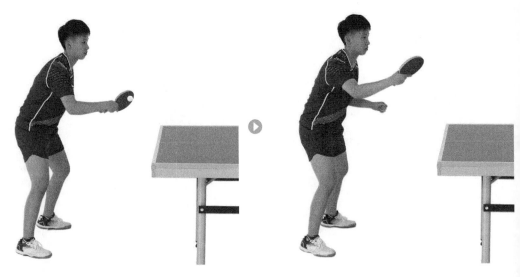

双脚蹬地，身体向上顶，同时以右臂肘关节为支点，小臂加速向右前上方挥动，带动手腕外展，在来球的高点期在胸前击球，并多向前摩擦球。

击球后，小臂继续向右前上方挥动，然后迅速还原成准备姿势。

▶横拍正手拉下旋球

等级 ★★★☆☆ ⏱时间 约5分钟

扫一扫,看视频

根据来球路线移动到近台位置,双脚前后开立,略比肩宽,左脚在前。

向右转身,重心右移的同时压低重心,右臂自然下垂,大臂贴近身体,向后下方引拍至右膝后方,并使拍面略微前倾。

腰部向左转,继续压低重心的同时重心左移,带动右臂整体向左前上方加速挥动,并以大臂发力为主,在来球下降前期在身体右前方击球,并充分摩擦球的中上部。击球后,右臂向上屈肘,随势挥拍至头部左侧,重心移到左腿,然后迅速还原成准备姿势。

技巧
138

▶横拍反手拉下旋球

等级 ★★★☆☆　　⏱时间　约5分钟

球拍大幅度后撤

▌根据来球路线移动到近台位置，双脚开立，略比肩宽，膝盖微屈，身体前倾。

▌向左转身，重心左移，右肩前倾，右臂垂于身前并向内屈肘，向后引拍至大腿前方，并使球拍低于球台，手腕内勾，使拍头指向斜后方。

▌左脚蹬地，向右转身，右手小臂向右前上方发力，带动手腕外展，拍面略微前倾，在来球的高点期在身前击球，并充分向上方摩擦球。

▌击球后，继续向右前上方挥拍，然后迅速还原成准备姿势。

技巧 **139**

▶横拍正手拉加转弧圈球

等级 ★★★☆☆　⏱时间　约5分钟

扫一扫，看视频

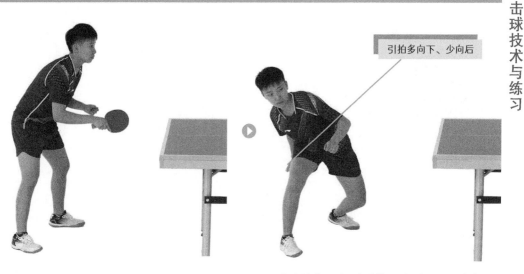

引拍多向下、少向后

根据来球路线移动到中台位置，双脚前后开立，略比肩宽，左脚在前。

向右转身，重心右移的同时压低重心，右肩下沉，右臂垂于体侧并自然伸直，向右下方引拍，并使拍面略微前倾。

用球拍的下半部分摩擦球的中部或中上部

右脚蹬地，向左转身，右手大臂带动小臂向左前上方挥动，且小臂以向上发力为主、向前发力为辅，在来球的下降前期在身体的右前方击球。击球瞬间，向内屈肘，使小臂迅速内收，让球拍多向上摩擦球的中上部。击球后，重心继续左移，并继续向左前上方挥拍至左额的前上方，然后左脚蹬地，迅速还原成准备姿势。

技巧 140 ▶ 横拍反手拉加转弧圈球

等级 ★★★☆☆　⏱时间 约5分钟

根据来球路线移动到中台位置，双脚前后开立，略比肩宽，左脚在前。

向左转身，重心左移的同时压低重心，右肩下沉，右臂垂于身前并向内屈肘，向左后下方引拍至大腿前侧，且手腕内勾。

挥拍击球时要充分利用蹬地与转腰的力量

双脚蹬地，并向右转身，以右臂肘关节为支点，小臂以向上发力为主、向前发力为辅，加速向右前上方挥动，带动手腕外展，拍面略微前倾，在来球的高点期在胸前击球，并多向上摩擦球的中上部。击球后，继续向右前上方挥拍至头部右前方，然后右脚蹬地，迅速还原成准备姿势。

第4章 | 横拍技术

技巧 **141**

▶横拍正手前冲弧圈球

等级 ★★★☆☆　⏱时间　约5分钟

扫一扫，看视频

球拍要低于来球

根据来球路线移动到近台位置，双脚前后开立，略比肩宽，左脚在前，身体前倾。

左脚蹬地，向右转身，重心右移，右肩下沉，右臂下垂并自然弯曲，小臂发力带动大臂向后引拍，并多向右后方引拍，少向下方引拍。

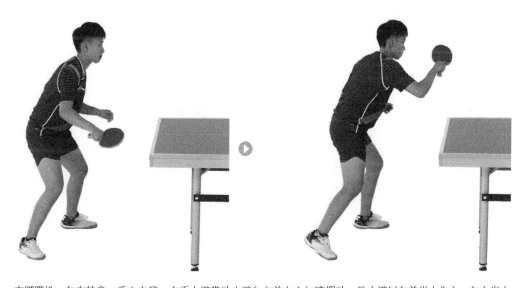

右脚蹬地，向左转身，重心左移，右手大臂带动小臂向左前上方加速挥动，且小臂以向前发力为主、向上发力为辅，拍面前倾，在来球的上升后期在身体右前方击球。击球瞬间，右臂向前屈肘，让球拍多向前摩擦球的中上部。击球后，重心继续左移，并继续向左前上方挥拍至左眼前方，然后左脚蹬地，迅速还原成准备姿势。

技巧 142

▶横拍反手前冲弧圈球

等级 ★★★☆☆　⊙时间　约5分钟

肘关节向前顶

根据来球路线移动到近台位置，双脚前后开立，略比肩宽，左脚在前。

向左转身，重心左移，右肩下沉，右臂垂于身前并向内屈肘，向左下方引拍至大腿前方，并使拍面略微前倾。

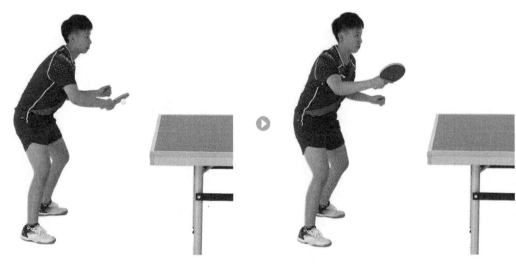

双脚蹬地，同时向右转身，以右臂肘关节为支点，小臂加速向右前上方挥动，且多向前发力，在来球的高点期击球的中上部。

击球后，继续向右前上方挥拍至头部右前方，然后右脚蹬地，迅速还原成准备姿势。

横拍正手反拉弧圈球

等级 ★★★☆☆　⏱时间　约5分钟

扫一扫，看视频

根据来球路线移动到中远台位置，双脚前后开立，略比肩宽，左脚在前，身体稍向前倾。

向右转身，重心右移，右臂适当抬高并自然弯曲，依靠转腰力量带动右臂向右后方引拍，并使拍面前倾。

用球拍用力摩擦球

向左转腰，重心左移，带动右臂前挥，在来球的上升期前期在身体的右前方击球的中上部。击球时小臂与手腕保持相对固定，并向左前上方发力。

击球后，重心继续左移，带动身体继续左转，右臂手腕与小臂保持相对固定，并向内屈肘，随势挥拍至左额前方，然后左脚蹬地，迅速还原成准备姿势。

技巧 144

▶横拍反手反拉弧圈球

等级 ★★★☆☆　⏱时间　约5分钟

扫一扫，看视频

根据来球路线移动到中远台位置，双脚前后开立，略比肩宽，膝盖微屈。

向左转身，重心左移，右肩前探，右臂垂于身前并向内屈肘，向左后方引拍至左腹前方，使球拍高于球台，并使拍面前倾。

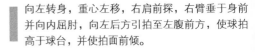
用力摩擦球的中上部

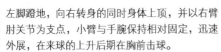

左脚蹬地，向右转身的同时身体上顶，并以右臂肘关节为支点，小臂与手腕保持相对固定，迅速外展，在来球的上升后期在胸前击球。

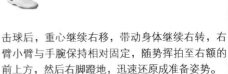

击球后，重心继续右移，带动身体继续右转，右臂小臂与手腕保持相对固定，随势挥拍至右额的前上方，然后右脚蹬地，迅速还原成准备姿势。

技巧 145 ▶ 横拍正手中远台对拉弧圈球

等级 ★★★☆☆ ⏱时间 约5分钟

根据来球路线移动到中远至远台位置，双脚前后开立，略比肩宽，左脚在前，膝盖微屈。

左脚蹬地，向右转身，重心右移，右臂适当抬高并自然弯曲，大臂带动小臂向右后方引拍，使球拍低于来球。

> 击球时以摩擦为主，击打为辅，并多向前发力

右脚蹬地，重心左移，向左转腰，带动右臂迎球前挥，且以小臂与手腕向左前上方发力为主，在来球的下降前期在身体的右前方击球。

击球后，重心继续左移，并随势挥拍至额头的左上方，然后左脚蹬地，迅速还原成准备姿势。

▶横拍正手侧身拉弧圈球

等级 ★★★☆☆ ⏱时间 约5分钟

根据来球路线，通过并步或跳步移动到球台左角外侧，到位时右脚先落地，并将重心压在右腿，左脚落在右脚的左前方。在移动的过程中，腰与髋部向右转动，充分进行侧身，右臂自然弯曲，向右后下方引拍至大腿的斜后方，并使拍面前倾。

🏷 错误动作

❌   ❌

小提示 弧圈球兼具旋转与速度，其攻击性高、稳定性强，是十分常用的进攻手段。而侧拉弧圈球进一步强化了回球的攻击性，可以帮助球员在比赛中占据主动，并很有可能直接得分。

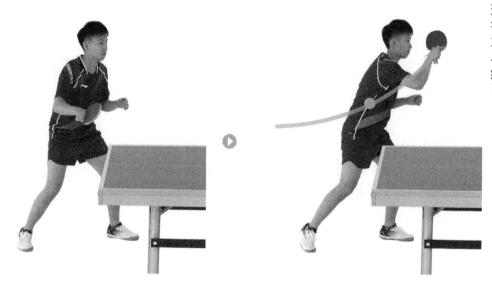

向左转腰，重心左移，带动右臂向左前上方挥动，在来球的下降前期在身体右前方击球。击球时，手腕保持相对固定，小臂迅速内收，用球拍充分摩擦球的中上部。击球后，重心继续左移，并继续向左前上方挥拍至额头的左前方，然后左脚蹬地，通过并步或跳步后撤到近台位置，并迅速还原成准备姿势。

技术要领

弧圈球的飞行弧线比普通上旋球的高

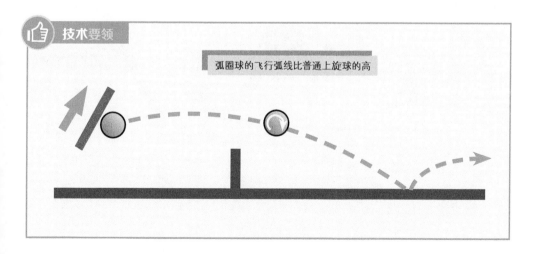

155

技巧 **147**

等级 ★★★☆☆ ⏱时间 约5分钟

▶横拍两面拉上旋球

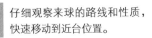

仔细观察来球的路线和性质，快速移动到近台位置。

在移动的过程中，向左转身，右臂向内屈肘，引拍至左腹前方。到位后，双腿屈膝，身体前倾。

向右转身，右臂外展，在来球的高点期击球，通过反手拉上旋球将球击回。

随挥后迅速还原成准备姿势，并时刻注意对手回球，然后根据回球路线选择合适的步法迅速移动。

在移动的过程中，向右转身，带动右臂向右后方引拍。到位后，将重心移至右腿。

右脚蹬地，转身挥拍，通过正手拉上旋球将球击回，并在随势挥拍后迅速还原成准备姿势。

第4章

技巧
148

横拍技术

扫一扫，看视频

第4章 →

击球技术与练习

▶横拍正手发球后正手抢拉

等级 ★★★☆☆　⏱时间　约5分钟

侧身站在球台左角外侧，身体前倾，左手持球置于身体的右前方。

垂直向上抛球，同时向右转身，右臂向右后方引拍。向左转身，选择合适的发球技术，挥拍击球，然后迅速还原成准备姿势。

左脚蹬地，右脚向右后方迈步，左脚随之撤步调整，让身体正对球台。

如果来球在自己的正手位，则左脚蹬地，右脚向右侧来球方向迈步，同时向右转身，右臂向右后下方引拍。到位后重心放在右腿，然后右脚蹬地，转身挥拍，通过正手拉球将球击回。随势挥拍后，左脚蹬地还原成准备姿势。

横拍正手发球后反手抢拉

等级 ★★★☆☆　时间 约5分钟

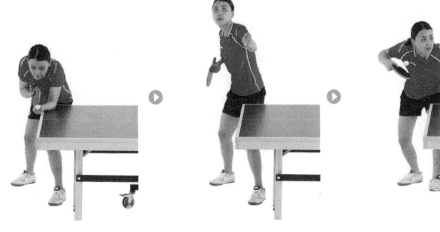

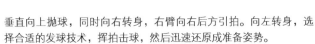

侧身站在球台左角外侧，身体前倾，左手持球置于身体的右前方。

垂直向上抛球，同时向右转身，右臂向右后方引拍。向左转身，选择合适的发球技术，挥拍击球，然后迅速还原成准备姿势。

右脚向右后方迈步，转身正对球台，然后根据对手的回球路线，向后跳至适合反手击球的位置。在移动的过程中，向左转身，右臂垂于身前并向内屈肘，向左后下方引拍。到位后双腿屈膝，重心下沉。

双脚蹬地，转身挥拍，通过反手拉球将球击回，并在随势挥拍后迅速还原成准备姿势。

技巧 150

▶ 横拍正手发球后侧身抢拉

等级 ★★★☆☆ ⏱时间 约5分钟

扫一扫，看视频

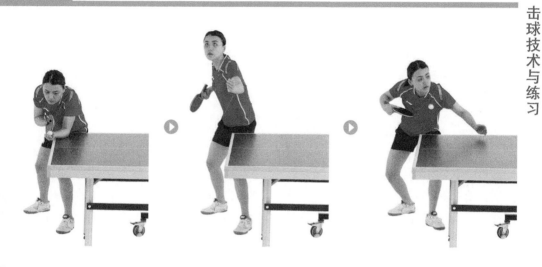

侧身站在球台左角外侧，身体前倾，左手持球置于身体的右前方。垂直向上抛球，同时向右转身，右臂向右后方引拍。

向左转身，选择合适的发球技术，挥拍击球，然后迅速还原成准备姿势。

充分侧身，保证击球空间

转身幅度要比较大

左脚蹬地，右脚向右后方迈步，左脚随之撤步调整，让身体正对球台。

如果来球在左半台，则右脚蹬地，通过跳步左移至侧身位，并在移动的过程中向右转身，向右后下方引拍。到位后，重心放在右腿，然后右脚蹬地，转身挥拍，通过正手拉球将球击回。随势挥拍后，左脚蹬地还原成准备姿势。

技巧 151

横拍正手搓球后正手抢拉

等级 ★★★☆☆　　时间 约5分钟

扫一扫，看视频

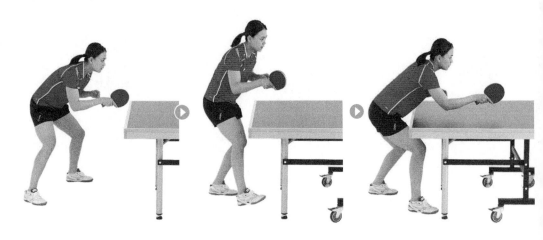

如果来球是短球，预测其落点后，右脚向前上步，重心随之前移。在移动的过程中，右臂前伸并屈肘，在身前向右后上方引拍，同时观察球的旋转性质，以调整拍形。

右臂迎球挥拍，根据来球性质与之后的战术需要，在合适的时机正手搓接来球，并随势挥拍。

右脚蹬地后撤，随之调整身体重心。移动的过程中仔细观察对手的回球动作，并迅速还原成准备姿势。

如果来球在自己的正手位，则左脚蹬地，右脚向右迈步，靠近来球方向，同时向右转身，右臂向右后下方引拍。到位后重心放在右腿，然后右脚蹬地，转身挥拍，通过正手拉球将球击回。随势挥拍后，左脚蹬地还原成准备姿势。

横拍技术

▶横拍正手搓球后反手抢拉

等级 ★★★☆☆ ⏱时间 约5分钟

扫一扫，看视频

如果来球是短球，预测其落点后，右脚向前上步，重心随之前移。在移动的过程中，右臂前伸并屈肘，在身前向右后上方引拍，同时观察球的旋转性质，以调整拍形。

右臂迎球挥拍，根据来球性质与之后的战术需要，在合适的时机正手接来球，随势挥拍后迅速还原成准备姿势。

观察对手回球，如果来球在自己的反手位，则右脚蹬地后撤，左脚随之调整，迅速向后移动。移动的过程中，含胸收腹，右臂向内屈肘，向左后下方引拍。到位后双腿屈膝，重心下沉。

双脚蹬地，转身挥拍，通过反手拉球将球击回，并在随势挥拍后迅速还原成准备姿势。

技巧 **153**

▶ **横拍反手搓球后侧身抢拉**

等级 ★★★☆☆　　⏱时间　约5分钟

扫一扫，看视频

如果来球是短球，预测其落点后，右脚向前上步，重心随之前移。在移动的过程中，右臂在身前抬起并向内屈肘，向左后方引拍，同时观察球的旋转性质，以决定接球时的拍形。

右臂迎球前伸，根据来球性质与之后的战术需要，在合适的时机反手搓接来球，并随势挥拍。

右脚蹬地后撤，随之调整身体重心。移动的过程中仔细观察对手的回球动作，并迅速还原成准备姿势。

右脚蹬地，通过跳步向左前方移动，并充分侧身。移动的过程中，向右转身，向右后下方引拍。到位后，重心放在右腿，然后右脚蹬地，转身挥拍，通过正手拉球将球击回。击球后快速回到球台后方，并迅速还原成准备姿势。

第4章
技巧
154

横拍技术

扫一扫，看视频

第4章 ───→

击球技术与练习

▶ 横拍反手搓球后反手抢拉

等级 ★★★☆☆　⏱时间　约5分钟

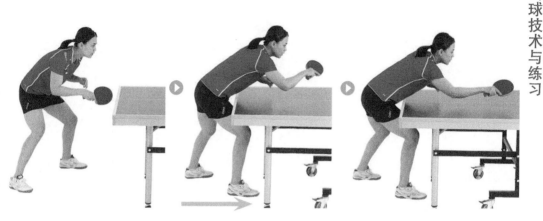

如果来球是短球，预测其落点后，右脚向前上步，重心随之前移。在移动的过程中，右臂在身前抬起并向内屈肘，向左后方引拍，同时观察球的旋转性质，以决定接球时的拍形。

右臂迎球前伸，根据来球性质与之后的战术需要，在合适的时机反手搓接来球，随势挥拍后迅速还原成准备姿势。

观察对手回球，如果来球在自己的反手位，则右脚蹬地后撤，左脚随之调整，根据来球路线迅速向后移动。移动的过程中，含胸收腹，右臂向内屈肘，向左后下方引拍。到位后双腿屈膝，重心下沉。

双脚蹬地，转身挥拍，通过反手拉球将球击回，并在随势挥拍后迅速还原成准备姿势。

💡 小提示　**对来球的路线要判断准确，并且引拍要在移动的过程中完成，以保证在到位后能够随即挥拍击球，流畅地进行攻守的转换。**

技巧
155

▶ **横拍反手搓球后正手抢拉**

等级 ★★★☆☆　⏱时间　约5分钟

扫一扫，看视频

如果来球是短球，预测其落点后，右脚向前上步，重心随之前移。在移动的过程中，右臂在身前抬起并向内屈肘，向左后方引拍，同时观察球的旋转性质，以决定接球时的拍形。

右臂迎球前伸，根据来球性质与之后的战术需要，在合适的时机反手搓接来球，并随势挥拍。

右脚蹬地后撤，随之调整身体重心。移动的过程中仔细观察对手的回球动作，并迅速还原成准备姿势。

如果来球在自己的正手位，则通过跳步迅速向右移动，靠近来球方向，同时向右转身，右臂向右后下方引拍。到位后重心放在右腿，然后右脚蹬地，转身挥拍，通过正手拉球将球击回。随势挥拍后，左脚蹬地还原成准备姿势。

技巧
156

▶ 横拍左拨右攻

等级 ★★★☆☆ ⏱时间 约5分钟

右肩略微下沉

击球瞬间手腕保持固定

■ 观察来球路线，移动到适合的近台位置。移动的过程中，含胸收腹，右臂在身前向内屈肘，手腕内勾，向左后上方引拍，小臂外旋使拍面前倾。到位后，双腿屈膝，重心下沉。

■ 右臂迎球前伸，小臂与手腕外展，在来球的上升期击球的中上部，将其向右前方拨回，之后随势挥拍。

■ 还原成准备姿势的同时观察对手回球。如果来球在自己的正手位，则通过并步或跳步向右侧来球方向移动，同时向右转身，右臂向右后方引拍。到位后，将重心放在右腿。

■ 右脚蹬地，核心收紧，转身挥拍，通过正手攻球将球击回。随势挥拍后，向左返回并迅速还原成准备姿势。

▶横拍左拨右拉

等级 ★★★☆☆　⏱时间　约5分钟

扫一扫，看视频

观察来球路线，移动到适合的近台位置。移动的过程中，含胸收腹，右臂在身前向内屈肘，手腕内勾，向左后方引拍，小臂外旋使拍面前倾。到位后，双腿屈膝，重心下沉。

右臂迎球前伸，小臂与手腕外展，在来球的上升期击球的中上部，将其向右前方拨回，之后随势挥拍。

还原成准备姿势的同时观察对手回球。如果来球在自己的正手位，则通过并步或跳步向右侧来球方向移动，同时向右转身，右臂向右后下方引拍。到位后，压低重心，并将重心放在右腿。

右脚蹬地，转身挥拍，通过正手拉球将球击回，并多向上摩擦球。然后向左返回，并迅速还原成准备姿势。

横拍技术

▶ 横拍反手拉球后转侧身冲球

等级 ★★★☆☆ ⏱时间 约5分钟

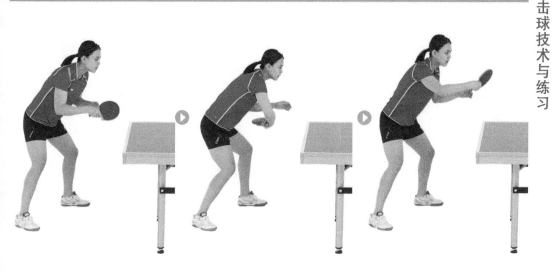

仔细观察来球的路线和性质，快速移动到近台位置。

在移动的过程中，向左转身，右臂向内屈肘，引拍至左腹前方。到位后，重心放在左腿。

向右转身，右臂外展，在来球的高点期击球，通过反手拉球将球击回。

引拍多向后、少向下

击球时手腕相对固定

如果来球在左半台，则右脚蹬地，通过跳步向左前方移动，并充分侧身。移动的过程中，向右转身，右臂向右后方引拍。到位后，重心放在右腿。

右脚蹬地，转身挥拍，通过正手冲球将球击回，并多向前摩擦球。之后快速右移回到球台后方，并迅速还原成准备姿势。

技巧 **159**

▶ 横拍正手拉球后转侧身拉球

等级 ★★★☆☆　⊙时间　约5分钟

观察来球路线，如果来球在自己的正手位，则左脚蹬地，向右侧来球方向移动。移动的过程中，向右转身，右臂向右后下方引拍。到位后，重心下沉并将重心移至右腿。

右脚蹬地，转身挥拍，通过正手拉球将球击回。随势挥拍后左脚蹬地还原成准备姿势。

如果来球在左半台，则右脚蹬地，通过跳步移动至左侧身位，并充分侧身让位。移动的过程中，向右转身，右臂向右后下方引拍。到位后，重心放在右腿。

右脚蹬地，转身挥拍，通过正手拉球将球击回，并多向前摩擦球。击球后快速回到球台后方，并还原成准备姿势。

第4章

技巧
160

横拍技术

扫一扫，看视频

第4章

击球技术与练习

横拍正手拉下旋球后转拉上旋球

等级 ★★★☆☆ ⏱时间 约5分钟

击球时，少撞击，多向上摩擦球的中部

压低身体重心，并多向下引拍

站位中近台，观察来球路线，如果来球在自己的正手位，则左脚蹬地，通过并步向右侧来球方向移动。移动的过程中，向右转身，向后下方引拍至右膝后方。到位后，重心下沉，并将重心放在右腿。

右脚蹬地，转身挥拍，在来球的下降前期，通过正手拉下旋球将球回击。然后迅速还原成准备姿势。

到位后身体略微下沉，并多向侧后方引拍

击球时多向前摩擦球的中上部，并对球进行一定的撞击

左脚蹬地，右脚向后跨步，根据来球路线移动至中台。在移动的过程中，向右转身，右臂向右后方引拍至大腿的外上方。到位后，膝盖微屈，并将重心放在右腿。

右脚蹬地，核心收紧，转身挥拍，通过正手拉上旋球将球击回。随势挥拍后，左脚蹬地，迅速还原成准备姿势。

技巧 161

▶ 横拍正手拉下旋球后接扣杀

等级 ★★★☆☆　⏱时间 约5分钟

扫一扫，看视频

压低身体重心，
并多向下引拍

▎站位中近台，观察来球路线，如果来球在自己的正手位，则左脚蹬地，通过并步向右移动。移动的过程中，向右转身，向后下引拍至右膝后方。到位后，重心下沉，并将重心放在右腿。

▎右脚蹬地，转身挥拍，在来球的下降前期，通过正手拉下旋球将球击回，并多向上摩擦球，然后还原成准备姿势。

击球时，多向前
撞击球的中上部

引拍位置较高，
且多向后引拍

▎左脚蹬地，根据来球路线向左后方移动。在移动的过程中，向右转身，右臂向右后方引拍至大腿的斜后方。到位后，核心收紧，膝盖微屈，并将重心放在右腿。

▎右脚蹬地，重心前压，迎球向前跳起，转身挥拍，通过正手扣杀将球击回。然后左脚蹬地，迅速还原成准备姿势。

第4章

技巧
162

削球技术

扫一扫，看视频

第4章

击球技术与练习

▶正手削球引拍

等级 ★★★★★　　⏱时间 约5分钟

双脚前后开立，略比肩宽，左脚在前。左脚蹬地，向右转身，重心随之右移，右臂抬起并向上屈肘，使肘关节的夹角大约为90度，向后上方引拍至右肩上方。同时小臂略微外旋，使拍面后仰，拍头指向斜后方。

45度状态

削球技术

▶反手削球引拍

等级 ★☆☆☆☆　⏱时间　约5分钟

> 双脚开立，略比肩宽。右脚蹬地，向左转身，重心随之左移，右臂在身前抬起并向上屈肘，使小臂上提，向左后上方引拍至头部的左侧。同时小臂略微内旋，使拍面后仰，拍头指向左后方。

45度状态

▶近台削球

等级 ★★★☆☆   ⏱时间 约5分钟

扫一扫，看视频

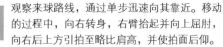

到位后重心放在右腿

根据来球路线移动到近台位置，双脚前后开立，略比肩宽，左脚在前，身体前倾。

观察来球路线，通过单步迅速向其靠近。移动的过程中，向右转身，右臂抬起并向上屈肘，向右后上方引拍至略比肩高，并使拍面后仰。

右脚蹬地，向左转身，重心随之左移，带动右臂前摆，并以肘关节为支点，小臂向左前下方发力，在来球的下降前期在腰部的斜前方击球。击球时，手腕集中发力，并让球拍充分摩擦球的中下部。击球后，继续向左前下方挥拍，然后左脚蹬地，迅速还原成准备姿势。

技巧
165

▶正手中远台削球

等级 ★★★☆☆ ⏱时间 约5分钟

中远台

根据来球路线移动到中远台位置。到位后双脚前后开立，略比肩宽，左脚在前，身体前倾。

💡 **小提示**

中远台削球具有动作幅度较小、击球点高、回球速度快的特点。在比赛中，球员利用此技术可以配合灵活变化的落点，有效打乱对手的节奏，为自己创造进攻得分的机会。

击球瞬间手腕下压

左脚蹬地，向右转身，重心右移，右臂抬高并向上屈肘，向右后上方引拍至右肩上方，并使拍面后仰。

右脚蹬地，向左转身，重心左移，右手大臂带动小臂向左前下方挥动，在来球的下降前期在腰部的斜前方削球，并充分向前下方摩擦球的中下部。击球后，继续向左前下方挥拍，然后迅速还原成准备姿势。

削球技术

▶反手中远台削球

等级 ★★★☆☆　　⏱时间　约5分钟

中远台

根据来球路线移动到中远台位置。到位后双脚前后开立,略比肩宽,左脚在前,身体前倾。

💡**小提示**

引拍幅度要较大,加大引拍距离,挥拍时让球拍向下方砍去以充分摩擦球,保证回球的旋转足够强。

肘关节上提

向左转身,重心左移,右臂抬于身前并向上屈肘,向左后上方引拍至左肩上方,并使拍面后仰。

向右转身,重心右移,带动右手小臂外展,向右前下方发力,在来球的下降前期在胸前削球的中下部。击球瞬间,手腕下压,让球拍向前下方充分摩擦球。击球后,随势挥拍,然后迅速还原成准备姿势。

技巧
167

▶ **正手削不转球**

等级 ★★★☆☆ ⏱时间 约5分钟

扫一扫，看视频

根据来球路线移动到中远台位置。到位后双脚前后开立，略比肩宽，左脚在前，身体前倾。

左脚蹬地，向右转身，重心右移，右臂抬高并向上屈肘，使小臂上提，向右后上方引拍至头部的斜后方。

用球拍向前撞击球

右脚蹬地，向左转身，重心左移，右手大臂带动小臂向左前下方挥动，拍面垂直，在来球的下降后期在腰部的斜前方削球的中部，并向前推送球。

击球后，继续向左转身，小臂继续向左前下方挥拍推送球，然后左脚蹬地，迅速还原成准备姿势。

削球技术

▶反手削不转球

等级 ★★★☆☆ ⏱**时间** 约5分钟

扫一扫，看视频

根据来球路线移动到中远台位置。到位后双脚开立，略比肩宽，右脚在前，身体前倾。

右脚蹬地，向左转身，重心随之左移，右臂抬于身前并向上屈肘，使小臂上提，向左后上方引拍至头部的左侧，并使拍面垂直。

用球拍左侧撞击球

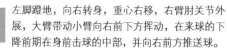

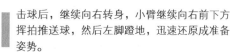

左脚蹬地，向右转身，重心右移，右臂肘关节外展，大臂带动小臂向右前下方挥动，在来球的下降前期在身前击球的中部，并向右前方推送球。

击球后，继续向右转身，小臂继续向右前下方挥拍推送球，然后左脚蹬地，迅速还原成准备姿势。

技巧
169

▶反手削转球

等级 ★★★☆☆　⏱时间　约5分钟

扫一扫，看视频

根据来球路线移动到中远台位置。到位后双脚前后开立，略比肩宽，左脚在前，身体前倾。

右脚蹬地，向左转身，重心随之左移，右臂抬于身前并向上屈肘，使小臂上提，向左后上方引拍至头部的左侧，并使拍面后仰。

击球时手腕相对固定

左脚蹬地，向右转身，重心右移，右臂肘关节外展，大臂带动小臂向右前下方挥动，在来球的下降前期在身前击球的中下部，并让球拍充分向下摩擦球。击球后，继续向右转身，且小臂继续向右前下方挥拍，然后左脚蹬地，重心回到双脚中间，并迅速还原成准备姿势。

削球技术

▶ 正手削追身球

等级 ★★★☆☆　⏱时间　约5分钟

如果来球是正手位追身球，则右脚向斜后方撤步，侧身让位，同时向右转身，右臂抬高并向上屈肘，向右后上方引拍至头部的斜后方，并让拍面接近垂直。

右脚用力蹬地，向左转身，重心随之左移，右手大臂带动小臂向前下方挥动，在来球的下降前期在身体的右前方削球的中下部。击球时，拍面略微后仰，手腕保持相对固定。击球后，右臂肘关节展开，向左前下方随势挥拍，然后右脚向前上步至双脚平行开立，并迅速还原成准备姿势。

技巧
171

▶反手削追身球

等级　★★★☆☆　⏱时间　约5分钟

如果来球是反手位追身球，则左脚向斜后方撤步，迅速侧身让位，同时向左转身，右臂抬于身前并向上屈肘，使大臂贴近身体，小臂上提，向左后上方引拍至左肩上方。

左脚蹬地，向右转身，重心随之右移，右臂肘关节外展，向右前下方挥拍，在来球的下降前期在胸前击球的中下部。击球时，手腕相对固定，小臂向右前下方发力，让球拍充分摩擦球。击球后，继续向右前下方挥拍，然后左脚向前上步至双脚平行开立，重心回到双脚中间，并迅速还原成准备姿势。

削球技术

技巧
172

▶ **正手削突击球**

等级 ★★★☆☆ ⏱时间 约5分钟

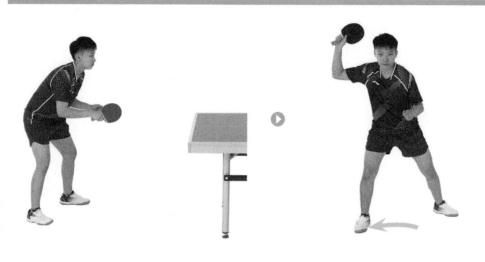

如果来球是低球突击或大板扣杀，则根据来球路线通过单步或跳步后撤，侧身让位，同时向右转身，重心右移，右臂抬高并向上屈肘，向右后上方引拍至头部的斜后方，并让拍面接近垂直。

右脚用力蹬地，迎球向左转身，重心随之左移，右手大臂带动小臂向前下方挥动，在来球的下降后期在身体的右前方击球。击球时，充分利用腰髋转动的力量，手腕保持相对固定，用球拍削球的中下部，并充分摩擦来球。击球后，右臂肘关节展开，向左前下方随势挥拍，然后右脚向前上步至双脚平行开立，并迅速还原成准备姿势。

技巧
173

▶反手削突击球

等级 ★★★☆☆ ⏱时间 约5分钟

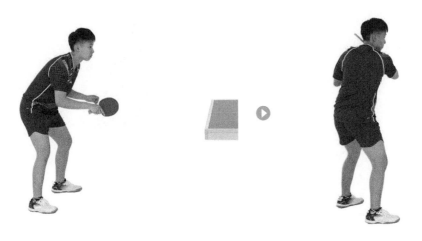

如果来球是反手位突击球，则通过单步或跳步迅速向来球路线靠近，并侧身让位。到位后右脚在前，并将重心移至左脚。移动的过程中，含胸收腹，向左转身，右臂抬于身前并向上屈肘，使小臂上提，向左后上方引拍至左肩上方。

左脚蹬地，向右转身，重心右移，右手大臂贴近身体，肘关节外展，小臂迅速向右前下方发力，在来球的下降后期在胸前击球的中下部。击球时，充分利用腰髋转动的力量，手腕相对固定，让球拍充分向右前下方摩擦球。击球后，继续向右前下方挥拍，然后左脚向前上步至双脚平行开立，重心回到双脚中间，并迅速还原成准备姿势。

第4章 削球技术

▶正手削球接反手削球

等级 ★★★☆☆　⏱时间　约5分钟

扫一扫，看视频

站位中远台，观察来球路线。如果来球在自己的正手位，则通过跳步或并步快速向右移动。移动的过程中，向右转身，右臂向右后上方引拍。到位后，将重心放在右腿。

右脚蹬地，向左转身，右臂向左前下方挥拍，通过正手削球将球击回。击球后，随势挥拍。

还原成准备姿势的同时观察对手回球。如果来球在自己的反手位，则通过并步或跳步迅速向左移动。移动的过程中，向左转身，右臂屈肘，在身前向左后上方引拍。到位后，将重心放在左腿。

左脚蹬地，向右转身，右手大臂带动小臂向右前下方挥拍，通过反手削球将球击回。击球后随势挥拍，然后迅速还原成准备姿势。

技巧
175

▶反手削球接搓球

等级 ★★★☆☆　⏱时间 约5分钟

扫一扫，看视频

站位中远台，观察来球路线。如果来球在自己的反手位，则通过并步或跳步迅速向左移动。移动的过程中，向左转身，右臂屈肘，在身前向左后上方引拍。到位后，将重心放在左腿。

左脚蹬地，转身挥拍，通过反手削球将球击回。击球后随势挥拍，然后迅速还原成准备姿势。

如果来球是短球，则根据其路线迅速上步至近台，重心随之前移。在移动的过程中，右臂在身前抬起并向内屈肘，向后方引拍，同时观察球的旋转性质，以决定接球时的拍形。

右臂迎球前伸，根据来球性质与之后的战术需要，在合适的时机反手搓接来球。随势挥拍后迅速后撤，并还原成准备姿势。

削球技术

▶ **搓球转削球**

等级 ★★★☆☆ ⏱时间 约5分钟

如果来球是短球，预测其落点后，右脚向前跨步，重心随之前移。在移动的过程中，右臂在身前抬起并向内屈肘，向左后方引拍，同时观察球的旋转性质，以决定接球时的拍形。

右臂迎球前伸，根据来球性质与之后的战术需要，在合适的时机反手搓接来球，并随势挥拍。

保持身体平衡

观察来球路线，迅速后退至中远台适合反手削球的位置。移动的过程中，向左转身，右臂抬起并屈肘，在身前向左后上方引拍。到位后，双脚前后开立，右脚在前，并将重心放在左腿。

左脚蹬地，转身挥拍，通过反手削球将球回击。击球后随势挥拍，然后上步至中台，并迅速还原成准备姿势。

技巧
177

▶ **反手削球接正手攻球**

等级 ★★★☆☆　⏱时间　约5分钟

扫一扫，看视频

如果来球在自己的反手位，则根据来球路线迅速向左后方移动至中远台。移动的过程中，向左转身，右臂屈肘，在身前向左后上方引拍。到位后，双脚前后开立，右脚在前，并将重心放在左腿。

左脚蹬地，转身挥拍，通过反手削球将球击回。击球后随势挥拍，然后迅速还原成准备姿势。

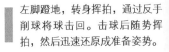

如果来球在自己的正手位，且能够进行反攻，则根据来球路线迅速上步至中近台。移动的过程中，向右转身，右臂向右后方引拍。到位后，将重心放在右腿。

右脚蹬地，核心收紧，转身挥拍，通过正手攻球将球击回。随势挥拍后，左脚蹬地，迅速还原成准备姿势。

战术与策略

第 5 章

乒乓球不是光靠蛮力的运动，如果想要在比赛中取得胜利，除了要具备力量、速度、技术等，还要有一定的战术与策略。注意，战术与策略不是一成不变的，要根据对手的特点灵活运用，并在场上随机应变。

▶对攻：攻两角战术

等级 ★★★☆☆ ⏱时间 约5分钟

攻两角战术普遍适用于对手移动速度相对较慢的情况。比赛中，球员交替攻击对手的左右角，通过乒乓球落点的变化充分调动对手，让其大幅度跑动，以降低对手的回球质量，让其疲于防守，为自己创造进攻机会，或使对手失误。

双角攻击

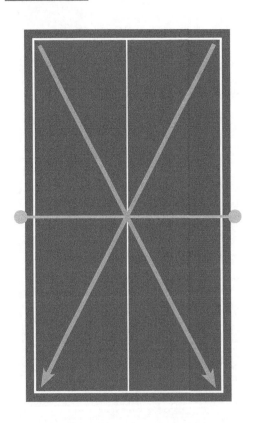

双边直线

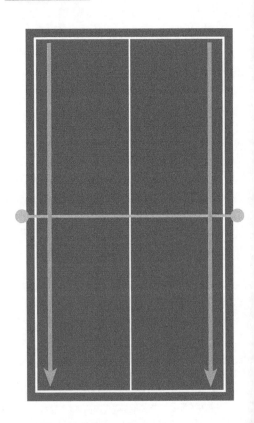

攻两角战术分为双角攻击和双边直线，其中：双角攻击是先以斜线球攻一角，再以斜线球进攻另一角的两次进攻；双边直线是以直线球攻一角，再以直线球攻另一角的两次进攻。

单打

▶ 对攻：攻两角的应对办法

等级 ★★★☆☆ ⏱时间 约5分钟

如果对手采用攻两角战术，不要慌张，可以通过大角度转换、袭击对手空当的方法破解。这两种应对方法的原理为：寻找对手防守薄弱的位置，变线回球，使对手也进行大范围的移动。在回球时，应该充分发挥自己的技术优势，努力提高回球质量，达到调动对手并反守为攻的目的。

逢斜变直

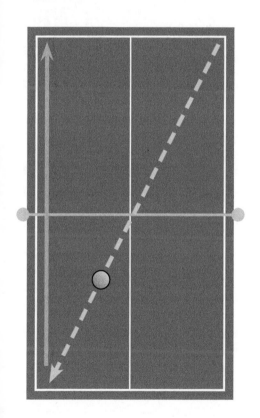

逢直变斜

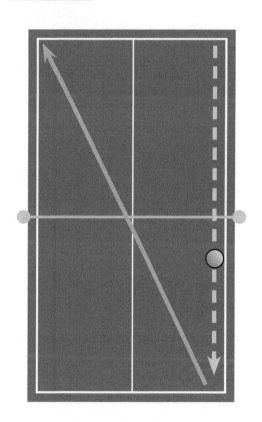

比赛中，应对攻两角的一般办法为：如果来球是斜线球，则以直线球回击；如果来球是直线球，则以斜线球回击。即逢斜变直、逢直变斜，攻击离对手较远侧的一角，但要保证回球的落点在球台的边角上，扩大对手接球前的移动距离。

▶对攻：攻中路追身战术

等级 ★★★☆☆　⏱时间 约5分钟

攻中路杀两角

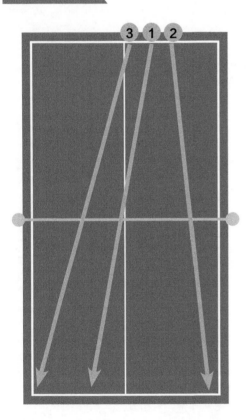

攻两角杀中路

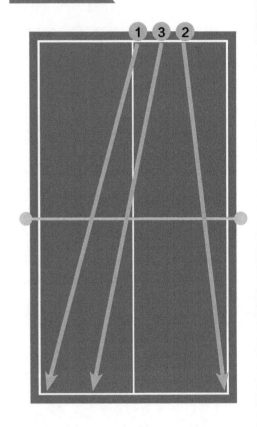

如果对手比较擅长两面攻技术，或是横拍反手进攻技术较强，且正手技术相对较弱，那对手在中路出现漏洞的可能性就很大。因此，可以通过推挡或反手攻技术，攻对手中路追身，以限制对手的发挥，待对手出现失误后，扣杀左角或右角。

如果对手不擅长两面攻技术，或是横拍正反手技术都不突出，那可以尝试攻两角杀中路战术。先攻对手左右角，让其疲于救球，待其中路出现漏洞后，扣杀中路，并控制落点至离对手较远的位置。注意，如果想要完整地实施该战术，球员要具有较强的反手相持和正手攻击技术。

第 5 章 | **单打**

技巧 181

▶对攻：侧身攻

等级 ★★★☆☆ **⏱时间** 约5分钟

先压对手中路

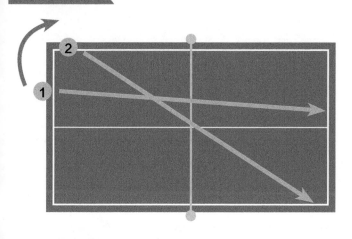

先压对手中路，并主动制造进攻机会，然后根据来球落点侧身抢攻，进攻左、右两角，并控制落点至离对手较远的位置。

先压对手反手

如果对手反手技术较弱，或是整体进攻能力不强，那可以先通过推挡、反手攻或弧圈球技术压对手的反手，并主动制造进攻机会，然后根据来球落点侧身抢攻，选择左、中、右三点。注意，侧身前要分析场上局势，避免盲目侧身。

接发球侧身抢攻

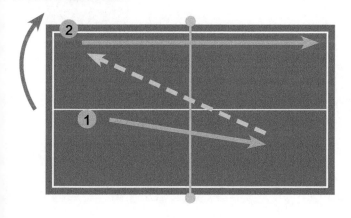

如果自己的接发球技术较好，便可以尝试接发球后直接侧身抢攻。一般情况下，可以先通过摆短技术接发球，使回球的弧线短、落点近。之后，对手往往会选择搓球至反手位底线，这时便可进行侧身抢攻，选择左、中、右三点，以扭转被动局面。

技巧 **182**

▶对攻：轻与重的结合

乒乓球不是单纯比蛮力的项目，击球力量不是越大越好。在比赛中，击球力量的轻重需要根据战术和比赛情况进行调整，在对手力量大于自己时，更需要如此。

同一路线

简单的方法便是在同一路线上结合运用轻重球。比赛中，使用正、反手拉球与突击、短挡、加力推挡的方式回球，并集中攻同一位置，通过不断改变击球的力度和旋转性质来迷惑对手，提高其回球难度，从而大大提高其失误的可能，为自己创造得分机会。

中路

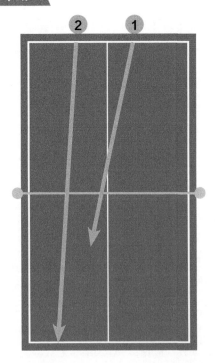

中路球轻重球结合是指，先以中路近网球吸引对手上前回球，然后再通过突击或加力推攻击空当，或突击对手中路追身长球。

不同路线

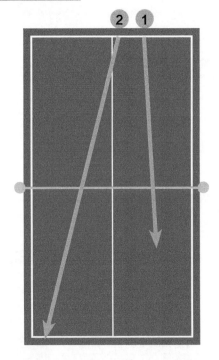

不同路线轻重球结合是指，先通过轻拉或挡球回球，打出近网球诱使对手上前回球，然后通过突击或加力推回球，攻击对手相反方向的空当。

第5章

技巧 183

双打

▶发球一般战术

等级 ★★★☆☆   ⏱时间 约5分钟

双打非常依赖队友之间的默契与配合，在发球之前需要确定好之后的战术，并保证自己之后的动作不会妨碍到队友，达到事半功倍的效果。

发球技术的选择

在双打比赛中，一般反手发球可以为队友留出更多接球的空间；而在正手发球后，球员需要立即移动到另一侧，为队友让出足够的接球空间。因此，球员要根据自己与队友的技术特点，并结合场上局势，选择合适的发球技术。

选择接发球的顺序或球台站位

在比赛开始前，双打球员可以通过抽签决定接发球的顺序或者球台站位。提前考虑，有利于我方在比赛中抢先占据主动。

发球与发球抢攻

在双打比赛中，发球与接球的位置是固定的，发球都是对角线方向。因此，多变、质量高的发球是占据主动的第一步。一般情况下，第一发球员都是技术能力强、落点控制更为准确、发球旋转变化大的球员。此外，也要尤其重视第三板的接球，因为发力抢攻和抢位多发生于第三板，所以发球也要尽量配合第三板的战术。例如，选择发右侧上旋球，方便队友第三板抢攻的落点为：如果对手是右手持拍，一般发球至中路底线区；如果对手是左手持拍，一般发球至右方底线区。如果时机不成熟，不要盲目地进攻，可以控制力度回击，为队友的下一板抢攻创造机会。

▶接发球一般战术

等级 ★★★☆☆ ⏱时间 约5分钟

在双打比赛中，发球的路线和落点有明确的规定，接发球的质量可以直接影响对手策略的实施。所以，为了不让对手抢得先机，应努力提升接发球的技术与随机应变的能力。

▶接发球的建议

（1）在进攻时，要灵活变换自己击球的速度和落点，尽量避免被对手预判。

（2）在对攻搓球时，可以通过搓球力度和旋转速度的变化来迷惑对手，降低对手的回球质量，为队友创造进攻的机会。

（3）在搓长短球时，要尽可能加大不同落点的距离，并且降低弧线，使球速变快，以减少对手的反应时间，让其无法充分进行准备，只能去救球。

（4）做到虚虚实实，不要连续三板使用同一技术或变化较小，这样容易被对手抓住机会反攻，要将速度、力量、球的路线变化结合起来，让对手摸不到你的节奏。

▶接发球的注意事项

（1）进攻要果断，在有条件进行接发球抢攻和抢冲时，要毫不犹豫地进行拼抢，切忌因为犹豫错过进攻时机。同时也要提高进攻的稳定性，注意击球落点的位置，减少不必要的失误。

（2）要不断变换接发球的技术。乒乓球运动的技术十分丰富，在比赛中要综合运用适合的技术，做到灵活应对，以扰乱对手的节奏，从而掌握比赛的主动权。

（3）在接发球时切忌单打独斗，不要只考虑自己的优劣势。要养成为队友着想的习惯，帮助队友扬长避短，两人相互配合才能更加轻松地取得比赛胜利。

（4）在与队友培养默契的同时，也需要全方位掌握对手的技术特点，以便在比赛中针对其弱点有效展开进攻。所以，提前制订一些有针对性的战术也是至关重要的。

第5章　双打

技巧
185

▶打开角度

等级 ★★★☆☆　⏱时间　约5分钟

双打比赛中，搭档两人要明确主次关系，让进攻能力强、战术意识强的球员担任主攻，来主导我方的进攻，另一名球员作为副攻手及时进行配合和辅助。

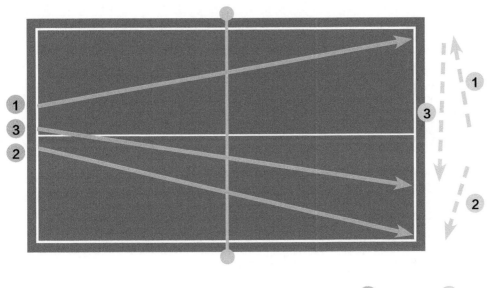

⬤ 我方　　⬤ 对手

在双打比赛中，我方可以轮流打斜线球，将球打至对手两个边角位置，且角度越大越好，迫使对手不断向球台的两边移动。力争把角度打开，让对手两人之间的距离越来越大，同时扰乱他们的移动路线。在对手中路出现空隙后，伺机突袭其中路，使得对手来不及移动到合适的位置回球，大大降低对手的回球质量，或直接得分。

▶连压一角

条件允许的情况下，我们要提前了解对手，对其特点和优劣势进行分析，并结合我方的情况制定针对性战术，以降低比赛的不确定性。

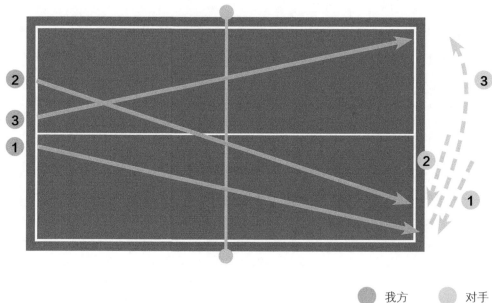

我方　　　对手

如果对手有一角的防守能力相对较弱，那可以连续攻击对手较弱的一角，迫使两人向同一方向移动，并挤在一起，使其让位困难，造成不利的影响。在另一角出现空隙后，伺机攻击，因为对手两人距离过近，很容易相互妨碍，进而来不及移动到合适的位置回球。也可以打追身球，利用对手两人挤在一起、准备空间不足这一点，让对手很难顺利回球，大大降低其回球质量，为队友创造进攻机会。

双打

▶ 连续追身

等级 ★★★☆☆ ⏱时间 约5分钟

乒乓球双打中的连续追身，是瞄准对手的同一名球员打追身球的战术。追身球的难度较大，只有在我方两人都熟练掌握追身球技术时，才可以使用该战术。

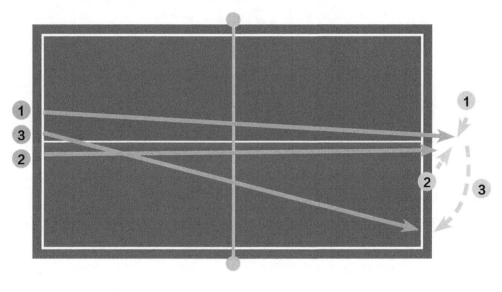

● 我方 　● 对手

可以选择对手相对较弱的球员，瞄准该名球员连续打追身球，这不仅能降低对手的回球质量，还能迫使对手两人相互靠近甚至相撞，出现失误。待出现空隙后，伺机突袭，使得对手很难移动到合适的位置回球，从而直接得分，或者为队友创造进攻机会。

💡小提示 **追身球是落点在对手身体附近的回球。其使得对手的引拍动作会被自己的身体影响，从而无法充分进行引拍，降低回球质量。通常，追身球的理想落点是对手持拍手侧腋下的位置，无论是正手还是反手，球员很难在不移动的情况下找到合适的击球点。**

体能训练

第6章

一场比赛往往会持续半小时以上的时间，双方相持时间愈长，体能就愈发重要。体能不仅影响着比赛后期运动员的反应速度，也是后期击球质量的决定因素之一。

力量提升

▶俯卧撑

等级 ★★☆☆☆ 次数 8~12次×5组

俯卧在瑜伽垫上，双手置于肩膀的下方偏外侧，全手掌着地，双脚脚尖着垫。准备好后，双手、双脚同时撑垫，让自己的身体离开垫面。此时，挺胸收腹，使自己的躯干与腿部呈一条直线。

肘部尽量贴近身体两侧，吸气并屈肘，让自己的身体垂直下移，直至靠近垫面。停顿2秒后，呼气，手臂发力将自己推起，回到起始姿势。动作全程，保持核心收紧，腰背挺直，颈部放松。

侧面角度

保持一条直线

双臂垂直于垫面

保持一条直线

肘部紧贴体侧

▶仰卧起坐

等级 ★★☆☆☆　次数 16~20次×5组

平躺在瑜伽垫上，双脚自然打开，踩在瑜伽垫上，双腿屈膝成90度左右。后背紧贴垫面，双手放在头部两侧，双臂打开。

双臂向内夹，同时腹部发力，颈部放松，带动上半身缓慢、匀速向上坐起，并向大腿贴近，直至肘关节靠近腿部。稍做停留后，有控制地回到起始姿势。

侧面角度

起身呼气，还原吸气

颈部保持放松

背部紧贴垫面

力量提升

▶ **仰卧两头起**

等级 ★★☆☆☆　　次数 12~16次×5组

平躺在瑜伽垫上，核心收紧，双臂向上伸直举过头顶，掌心朝上；双腿伸直，使身体呈一条直线。

颈部保持放松，膝盖尽量伸直，依靠腹部的力量，使上半身和双腿同时向上抬起，离开垫面，双臂随之上抬并向斜前方伸去，用双手努力去碰脚尖。稍做停留后，有控制地回到起始姿势。

侧面角度

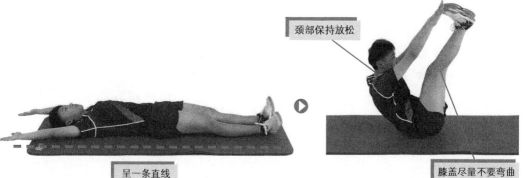

颈部保持放松

呈一条直线

膝盖尽量不要弯曲

力量提升

▶下蹲起

等级 ★★☆☆☆　　次数 12~16次×5组

站在水平地面上，背部挺直，目视前方。双脚平行开立，略比肩宽；双臂向前水平伸直，掌心朝下。

屈髋、屈膝向下蹲，直至大腿平行于地面，上半身随动作前倾。下蹲过程中，背部保持挺直，且膝关节与脚尖始终指向同一方向。稍做停顿后，慢慢站起，回到起始姿势。

侧面角度

背部保持挺直

方向保持一致

力量提升

▶ 哑铃弯举

扫一扫，看视频

等级 ★★☆☆☆　　⊙次数 10~12次×5组

站在水平地面上，双脚平行开立，挺胸抬头，目视前方。双臂自然垂于体侧，双手各握一个哑铃，且掌心向前。

保持肘关节和肩关节稳定，大臂紧贴体侧，然后向上屈肘，使小臂向身体方向移动，直至哑铃移至肩膀前方。

正面角度

背部保持挺直

大臂紧贴体侧

力量提升

▶ 踮脚跳跃

等级 ★★☆☆☆　次数　15~20次×5组

站在水平地面上，双脚平行开立，与肩同宽，挺胸抬头，核心收紧，目视前方，双手叉腰。

双腿屈膝快速稍向下蹲，然后原地向上跳起。落地时，脚尖着地，并屈膝缓冲。缓冲后无须站起，直接继续跳起，并重复规定次数。练习时，始终背部挺直，核心收紧，保持身体平衡。

侧面角度

背部保持挺直

双脚同时跳起

速度提升

▶ **侧滑步**

等级 ★★☆☆☆　⊙次数 15~20次×5组

双脚平行开立，略比肩宽，膝盖微屈，身体略微前倾，背部挺直，双手握拳，置于体前。

保持身体平衡，核心收紧，左脚蹬地，重心右移。

左脚贴着地面向右侧滑一步，同时右脚向右迈步，重心随之移动。

双脚落地后，继续向右侧滑步，移动规定距离。之后练习向左的侧滑步。

速度提升

▶ **交叉步移动**

等级 ★★☆☆☆　　次数 12~16次×5组

扫一扫，看视频

双脚平行开立，略比肩宽，膝盖微屈，身体前倾，背部挺直，双手握拳，双臂置于体前。

向右转身，重心右移，左脚蹬地，从身前向右跨出一大步，形成正交叉步。右脚随之蹬地跃起，落在左脚的右后方，重心随之移动。通过正交叉步向右移动规定距离。

向左转身，重心左移，右脚蹬地，从身前向左跨出一大步，形成反交叉步。之后左脚随之蹬地跃起，落在右脚的左后方，且重心随之移动。通过反交叉步向左移动规定距离。

技巧 196

▶30米、60米、100米跑

等级 ★★☆☆☆　次数 5组

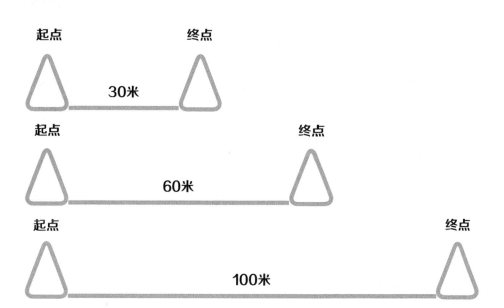

起点　　　　　　　终点

30米

起点　　　　　　　　　　　终点

60米

起点　　　　　　　　　　　　　　　终点

100米

在平地上摆放两个锥桶，运动员站在起点。教练根据运动员的身体素质，让其进行30米、60米或者100米冲刺跑，并努力用最短时间完成。起跑时，采用站立式起跑；跑步时，身体微前倾，目视前方，双脚蹬地，手臂随脚步自然前后摆动。

变式练习

（1）除了单向的冲刺练习外，还可以进行折返跑练习，冲刺到终点后，立刻转身，然后继续冲刺，返回起点。
（2）待跑步速度有所提升后，可以增加步法练习，通过并步、跳步、交叉步等步法完成规定距离的冲刺，以提高球员在实战中的移动速度。

速度提升

▶ 正手挥臂

等级 ★★☆☆☆　　次数 30次×5组

扫一扫，看视频

在平地站好，双脚前后开立，略比肩宽，左脚稍前。双臂在身前自然弯曲，右手持拍。

左脚蹬地，向右转身，重心随之右移，带动右臂向右后方引拍。

右脚蹬地，向左转身，重心随之左移，带动右臂前摆，快速向左前上方挥拍。

45度角度

右臂自然弯曲

速度提升

▶ 正反手结合挥臂

等级 ★★☆☆☆ 👆次数 30次×5组

扫一扫，看视频

在平地站好，双脚前后开立，略比肩宽，左脚稍前。双臂在身前自然弯曲，右手持拍。

右脚蹬地，向左转身，重心随之左移，右臂屈肘，从身前向左后方引拍。

左脚蹬地，向右转身，重心随之右移，带动右臂前摆，快速向右前上方挥拍。

反手挥拍后，继续向右转身，重心随之右移，带动右臂向右后方引拍，同时手腕内旋，转换为正手。

右脚蹬地，向左转身，重心随之左移，带动右臂前摆，快速向左前上方挥拍。

耐力提升

▶ **双摇跳绳**

等级 ★★★★★ 次数 20～50次×5组

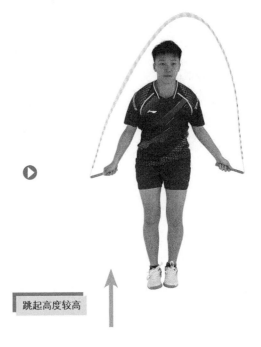

跳起高度较高

站在平地上，背部挺直，双脚自然打开，腹部和臀部收紧。两手分别握住跳绳的两端，举至身前，使跳绳置于小腿之后。

双手移至身体两侧，向前摇绳，使跳绳甩过头顶。在跳绳接触地面前，向上跳起，并在脚落地前摇绳两次。落地时，脚尖着地，膝盖微屈，然后继续跳起，直至完成50个双摇。

 技术要领

摇绳时，大臂贴近身体，使手柄置于髋关节两侧，肘关节保持稳定，小臂带动手腕发力。跳起时，切忌弯腰屈腿、膝盖上抬太高，这样容易打乱跳绳节奏；而应自然挺胸，双脚并拢，腹部和臀部收紧，并保持均匀、同步的摇绳与跳跃节奏。

小提示 刚开始练习时，可以在每次双摇之间加入3次单摇，待自己双摇成功率有所保障后，再进行连续的双摇跳绳练习。

第6章

技巧

200

耐力提升

 12分钟跑

等级 ★★☆☆☆ 次数 1~3组

在12分钟内完成规定距离的跑步，其中男性跑2600米左右，女性跑2300米左右。跑步时，应全程匀速，且注意跑前热身和跑后放松。

技术要领

蹬地时臀部肌肉与腿后肌群发力，身体重心迅速移至前脚；手臂弯曲，随脚步节奏在身体两侧前后摆动，使动作更为协调。此外，跑步时身体微微前倾，背部挺直，挺胸收腹，骨盆保持相对稳定。切忌弯腰驼背，这样会给背部造成额外的负担，导致呼吸困难。错误的跑步姿势会对膝关节造成较大的损耗，所以跑步时要注意自己的动作。

小提示 完成12分钟跑后不要立刻停下或坐下，要慢跑或慢走一段距离。此外，注意控制训练频率和运动量，防止训练过度。

编者简介

陈洋

北京体育大学体育教育训练学硕士，备战2012年伦敦奥运会身体运动功能训练团队成员，备战2016年里约奥运会身体运动功能训练团队教练。2011年至2014年，担任国家男子乒乓球体能教练；2011年工作至今，先后服务于国家羽毛球队、国家男子篮球队、国家男子乒乓球队、国家女子举重队，重点保障林丹、石宇奇、马龙、王皓等运动员备战世锦赛、亚运会、奥运会期间的体能训练工作。主要研究方向：体能训练、康复训练。

侯英超

原国家男子乒乓球队一队队员，全国锦标赛男单冠军。